贵州出版集团有限公司出版专项资金资助

乡村振兴与农村产业发展丛书

生态渔业产业发展实用指南

姚俊杰 ◎ 主编

贵州出版集团
贵州人民出版社

图书在版编目（CIP）数据

生态渔业产业发展实用指南/姚俊杰主编. -- 贵阳：贵州人民出版社，2021.12
（乡村振兴与农村产业发展丛书）
ISBN 978-7-221-16845-0

Ⅰ.①生… Ⅱ.①姚… Ⅲ.①渔业—产业发展—贵州—指南 Ⅳ.①F326.477-62

中国版本图书馆CIP数据核字(2021)第232573号

生态渔业产业发展实用指南
SHENGTAIYUYE CHANYE FAZHAN SHIYONG ZHINAN

姚俊杰　主编

出 版 人	王　旭
责任编辑	杨　悦
封面设计	谢安东
出版发行	贵州出版集团　贵州人民出版社
社　　址	贵州省贵阳市观山湖区会展东路SOHO办公区A座
邮　　编	550081
印　　刷	贵州新华印务有限责任公司
规　　格	890mm×1240mm　1/32
字　　数	165千字
印　　张	7.625
版　　次	2021年12月第1版
印　　次	2021年12月第1次印刷
书　　号	ISBN 978-7-221-16845-0
定　　价	32.00元

《乡村振兴与农村产业发展丛书》编委会

主　　　编：李建军　宋宝安　黄定承　蔡光辉
执 行 主 编：李军旗　王　旭　杨　松
副　主　编：吴复忠　谢亚鹏　贾文生　夏　昆
　　　　　　谢丹华　黄永光
编委会成员：（按姓氏笔画排列）
　　　　　　文庭池　杨雪莲　吴拥军　何腾兵
　　　　　　张万萍　张依裕　张晓培　张家春
　　　　　　张福平　陈　祥　武　娴　苟光前
　　　　　　金林红　周运超　姚俊杰　徐彦军
　　　　　　高珍冉　郭龙翔　黄明进　程　立
　　　　　　谭书明　潘学军
统　　　稿：陈继光　马文博

《生态渔业产业发展实用指南》编委会

主　　编：姚俊杰
副 主 编：吴俣学　许劲松
编　　委：杨　斌　蒋左玉　马永兵　周贤君
　　　　　王艳艳　朱忠胜　张文争　刘天保

前　言

党的十八大以来，以习近平同志为核心的党中央把脱贫攻坚摆在治国理政的突出位置，组织实施了人类历史上规模最大、力度最强、惠及人口最多的脱贫攻坚战，完成了消除绝对贫困的艰巨任务，创造了彪炳史册的人间奇迹。贵州作为全国脱贫攻坚主战场之一，得到了习近平总书记的亲切关心和特殊关怀。贵州各族干部群众在贵州省委、省政府的团结带领下，牢记嘱托、感恩奋进，向绝对贫困发起总攻，66个贫困县全部摘帽，923万贫困人口全部脱贫，减贫人数、易地扶贫搬迁人数均为全国之最，在国家脱贫攻坚成效考核中连续5年为"好"，在贵州大地上书写了中国减贫奇迹的精彩篇章。经过这场感天动地的脱贫攻坚大战，贵州经济社会发展实现历史性跨越，山乡面貌发生历史性巨变，农村产业取得历史性突破，群众精神风貌实现历史性转变，基层基础得到历史性巩固，实现了贵州大地的"千年之变"。

贵州是中国唯一没有平原支撑的省份，93%的土地由丘陵和山地构成，难以开展规模化农业生产，因地制宜发展特色农业成为必然。"十三五"期间，贵州省委、省政府围绕农业供给侧结构性改革，聚力发展现代山地特色高效农业，创新性地成立了农村产业发展工作专班和专家团队，主抓茶叶、蔬菜、辣椒、食用菌、水果、中药材、生猪、牛羊、生态家禽、生态渔业、刺梨、特色林业等12个农业特色优势产业。贵州现代山地特色高效农业发展取得明显进展，12个农业特色优势产业持续壮大，其中，茶叶、辣椒、李子、刺梨、蓝莓种植（栽培）规模位列全国第一，猕猴桃、薏仁、太子参等产业规模进入全国前三；蔬菜、食用菌、火龙果等产业规模进入全国第一梯队；农民增收渠道持续拓宽，农产品精深加工快速推进，农村创新创业热火朝天。贵州大学积极响应省委、省政府号召，发挥自身专业特长，成立12个农业特色优势产业专班，为贵州12大特色优势产业提供强有力的科技支撑，为贵州取得脱贫攻坚全面胜利做出了突出贡献。

脱贫摘帽不是终点，而是新生活、新奋斗的起点。实现巩固拓展脱贫攻坚成果同乡村振兴有效衔接、推进乡村全面振兴是"十四五"期间农村工作特别是脱贫地区农村工作的重点任务。2021年2月，习近平总书记视察贵州时提出，贵州要在新时代西部大开发上闯新路，在乡村振兴上开新局，在实施数字经济战略上抢新机，在生态文明建设上出新绩。这是习近平总书记为贵州下一步发展所作的战略部署。

乡村振兴是包括产业振兴、人才振兴、文化振兴、生态振兴、组织振兴在内的全面振兴，其中产业振兴是乡村振兴的基础和关键。"十四五"时期，贵州省委、省政府坚持以高质量发展统揽全局，巩固拓展脱贫攻坚成果，全面推进乡村振兴。实施乡村振兴战略的总目标是农业农村现代化。农业现代化的关键是农业科技现代化。

我国正由农业大国向农业强国迈进，必须牢牢掌握农业科技发展的主动权，大力发展农业科技，赋能农业现代化和高质量发展。乡村产业振兴使贵州农业发展方式实现根本性转变，开启了贵州农业农村现代化的新征程。

高质量推进乡村产业振兴，重在因地制宜、突出特色、精准规划。为响应党中央和贵州省委、省政府的号召和部署，加快推进贵州农业现代化和进一步做大做强农业特色优势产业，我们编写了《乡村振兴与农村产业发展丛书》，通过对农村产业进行精准定位，具体分析各产业发展的人口、人文、气候、地理、自然资源、传统优势、政策扶持、市场等因素，发掘产业发展的独特优势，构建现代产业结构和体系，积极为贵州农业高质量发展贡献力量，为建设现代山地特色高效农业强省提供行动指南。

该套丛书具有很强的科学性、系统性、知识性和可读性，并突出其实用性和指导性。既有理论论述，又有实践经验，既有政策分析，又有路径方法，可学可用，对广大农业科技工作者，全省各级干部、大专院校师生等具有重要参考价值。

编者
2021 年 12 月

目 录

第一章　我国渔业发展现状与前景 001
第一节　当前渔业产业发展主要政策 002
第二节　我国渔业发展现状 008
第三节　贵州渔业产业政策 014
第四节　贵州生态渔业产业发展现状 020
第五节　贵州省渔业发展案例 027

第二章　目前水产养殖主要技术模式 037
第一节　漏斗形池塘循环水高效养殖技术 038
第二节　池塘鱼菜共生综合种养技术 043
第三节　稻渔综合种养生产技术 055
第四节　池塘养殖水质调控与尾水生态治理技术 070
第五节　对虾工厂化循环水高效生态养殖技术 083
第六节　池塘工程化循环水养殖技术 089
第七节　鱼虾混养生态防控技术 093

第三章　常见养殖品种及养殖条件 097
第一节　鱼类 097

第二节　甲壳类 …………………………………………… 135
　　第三节　两栖类 …………………………………………… 141
第四章　池塘养殖实用技术 …………………………………… 147
　　第一节　养殖水体识别与管理 …………………………… 149
　　第二节　养殖管理常见问题及解决方案 ………………… 166
　　第三节　病害防治宝典 …………………………………… 193
第五章　水产品加工 …………………………………………… 213
　　第一节　我国的水产品加工 ……………………………… 213
　　第二节　政府鼓励农产品加工产业发展 ………………… 216
　　第三节　几种常见水产加工品加工方法 ………………… 218
参考文献 ………………………………………………………… 229
后　记 …………………………………………………………… 233

第一章
我国渔业发展现状与前景

面对日趋紧迫的资源约束、环境污染及生态系统退化的严峻形势，党的十八大以来，以习近平同志为核心的党中央把生态文明建设纳入"五位一体"总体布局和"四个全面"战略布局。我国的渔业发展也必须树立尊重自然、顺应自然、保护自然的生态文明理念，走可持续发展的道路。2019年2月，农业农村部会同生态环境部、自然资源部、国家发展改革委、财政部、科技部、工业和信息化部、商务部、国家市场监管总局、中国银保监会等10部委联合发布了《关于加快推进水产养殖业绿色发展的若干意见》，推动我国由水产养殖业大国向水产养殖业强国转变。2020年，农业农村部办公厅发布《关于实施2020年水产绿色健康养殖"五大行动"的通知》，从2020年起实施生态健康养殖模式推广行动、养殖尾水治理模式推广行动、水产养殖用药减量行动、配合饲料替代幼杂鱼行动、水产种业质量提升行动等水产绿色健康养殖"五大行动"，加快推进水产养殖业绿色发展。贵州省是3个国家级生态文明建设试验区之一，生态文明建设是全省经济社会发展的重要组成部分。推动我省生态渔业发展，是保持经济持续健康发展和提高人民生活质量的途径之一，也能助推贵州生态文明建设。

第一节　当前渔业产业发展主要政策

一、《关于加快推进水产养殖业绿色发展的若干意见》

2019年2月15日，农业农村部、生态环境部、自然资源部等10部委联合发布了新中国成立以来第一个经国务院同意、专门针对水产养殖业的指导性文件——《关于加快推进水产养殖业绿色发展的若干意见》[1]（以下简称《意见》），这个文件将作为当前和今后一个时期指导我国水产养殖业绿色发展的纲领性文件。主要内容如下：

（一）指导思想

全面贯彻党的十九大和十九届二中、三中全会精神，以习近平新时代中国特色社会主义思想为指导，认真落实党中央、国务院决策部署，围绕统筹推进"五位一体"总体布局和协调推进"四个全面"战略布局，践行新发展理念，坚持高质量发展，以实施乡村振兴战略为引领，以满足人民对优质水产品和优美水域生态环境的需求为目标，以推进供给侧结构性改革为主线，以减量增收、提质增效为着力点，加快构建水产养殖业绿色发展的空间格局、产业结构和生产方式，推动我国由水产养殖业大国向水产养殖业强国转变。

---

[1] 农业农村部、生态环境部、自然资源部、国家发展改革委、财政部、科学技术部、工业和信息化部、商务部、国家市场监督管理总局、中国银行保险监督管理委员会.《关于加快推进水产养殖业绿色发展的若干意见》.（2019-01-11）[2019-02-20].http://www.moa.gov.cn/nybgb/2019/201902/201905/t20190518_6309480.htm.

（二）主要目标

到2022年，水产养殖业绿色发展取得明显进展，生产空间布局得到优化，转型升级目标基本实现，人民群众对优质水产品的需求基本满足，优美养殖水域生态环境基本形成，水产养殖主产区实现尾水达标排放；国家级水产种质资源保护区达到550个以上，国家级水产健康养殖示范场达到7 000个以上，健康养殖示范县达到50个以上，健康养殖示范面积达到65%以上，产地水产品抽检合格率保持在98%以上。到2035年，水产养殖布局更趋科学合理，养殖生产制度和监管体系健全，养殖尾水全面达标排放，产品优质、产地优美、装备一流、技术先进的养殖生产现代化基本实现。

（三）其他主要内容

《意见》其他主要内容包括：加快落实养殖水域滩涂规划制度；优化养殖生产布局；积极拓展养殖空间；大力发展生态健康养殖；提高养殖设施和装备水平；完善养殖生产经营体系；科学布设网箱网围；推进养殖尾水治理；加强养殖废弃物治理；发挥水产养殖生态修复功能；规范种业发展；加强疫病防控；强化投入品管理；加强质量安全监管；推进一二三产业融合发展；加强国际交流与合作；多渠道加大资金投入；强化科技支撑；完善配套政策；严格落实责任；依法保护养殖者权益；加强执法监管；强化督促指导。

二、《关于推进大水面生态渔业发展的指导意见》

2019年12月30日，农业农村部、生态环境部和林草局共同发布的《关于推进大水面生态渔业发展的指导意见》[1]（以下简称《指导意见》）中提出，到2025年，大水面生态保护与渔业发展实现充分融合，渔业在水域生态修复中的作用明显提升，大水面生态渔业管理协调机制更加完善，优质水产品比重得到显著提高，产业链有效拓展延伸，形成一批管理制度完善、经营机制高效、利益联结紧密的生态渔业典型模式，基本实现环境优美、产品优质、产业融合、生态生产生活相得益彰的大水面生态渔业发展格局。主要内容如下：

（一）以法律法规为依据保障大水面生态渔业发展空间

统筹环境保护与生产发展，对于法律法规明确禁止发展渔业的区域，要严禁发展大水面生态渔业，允许发展大水面生态渔业的区域，要准确把握政策要求，合理发展生态渔业，防止"一刀切"、不加区分地禁止所有渔业活动。要依法加强养殖水域滩涂规划，按照经国务院同意印发的《关于加快推进水产养殖业绿色发展的若干意见》（农渔发〔2019〕1号）要求，落实水产养殖业发展空间。完善重要养殖水域滩涂保护制度，严格限制养殖水域滩涂占用，严禁擅自改变养殖水域滩涂用途。依法开展水域、滩涂养殖发证登记，依法核发养殖证，保障养殖生产者合法权益。以空间规划为依据，科学合理设置大水面生态渔业必要的设施，统筹协调大水面渔业生产与航运、水生态环境及鱼类生殖洄游等方面功能。

（二）以发挥渔业生态功能为导向开展增殖渔业

增殖渔业要按照水域承载力确定适宜的放养种类、放养量、

---

[1] 农业农村部、生态环境部、林草局.《关于推进大水面生态渔业发展的指导意见》.（2019-12-24）[2020.04-12].http://www.moa.gov.cn/nybgb/2020/202001/202004/t20200412_6341319.htm.

放养比例、捕捞时间和捕捞量。增殖渔业的起捕要使用专门的渔具渔法,最大限度减少对非增殖品种的误捕,确保不对非增殖生物资源和生态环境造成损害。要严格区分增殖渔业的起捕活动与传统的对非增殖渔业资源的捕捞生产,长江流域重要水域禁止的"生产性捕捞"不包括增殖渔业的起捕活动。原则上禁止在自然保护区的核心区和缓冲区开展增殖渔业;在饮用水水源保护区、自然保护区的实验区,可根据资源调查结果合理投放滤食性、肉食性、草食性的当地土著品种,发挥增殖渔业的生态功能,实现以渔抑藻、以渔净水,修复水域生态环境,维护生物多样性;在水产种质资源保护区,增殖渔业的起捕活动应在特别保护期以外的时间开展。

(三)以严格资源管理为基础发展传统捕捞渔业

传统捕捞生产要严格按照《渔业捕捞许可管理规定》要求,实施船网工具控制指标管理,实行捕捞许可证制度和捕捞限额制度。执行长江流域重要水域禁止"生产性捕捞"的有关规定,针对以特定资源利用、科研调查和苗种繁育等为目的的捕捞,要制定专门办法进行专项管理。除自然保护区的原住居民可开展生活必需的传统捕捞活动外,禁止在饮用水水源一级保护区和自然保护区开展捕捞生产。要在明确种群动态、资源补充规律的基础上,探索开展定额、定点、定渔具渔法和定捕捞规格的精细化管理。

(四)以科学合理为前提发展网箱网围养殖

要按照《关于加快推进水产养殖业绿色发展的若干意见》要求,根据水资源水环境承载能力科学布设网箱网围,合理控制养殖规模和密度,加快推进网箱粪污残饵收集等环保设施设备升级改造,减少污染物排放。支持同一水体不同区域采用轮养轮休养殖模式。禁止在饮用水水源一级保护区开展网箱网围养殖,在饮用水水源二级保护区发展要更加注重环境保护，应投喂利用率高、饵料系数低的高效环保饲料，鼓励发展不投饵的生态养殖，严禁非法使用药物；经营主体应定期开展水质监测分析，防止污染水环境。禁止在自然保护区的核心区和缓冲区开展网箱网围养殖，在自然保护区的实验区内允许原住居民保留生活必需的基本养殖生产，同时要注重环境保护。

（五）加强大水面生态环境保护

加强大水面水质保护，生态环境、农业农村等部门要按职责分工加强监测和执法监管，对造成水域污染的行为依法追究责任，维护大水面良好的水域生态环境。加强大水面生物多样性保护，增殖渔业要严格按照《水生生物增殖放流管理规定》对苗种场和放流品种进行监管；用于增殖的亲体、苗种等水生生物应当是本地种，要选择遗传多样性高且来源于放流湖库或临近水体的优质亲本培育苗种，禁止使用外来种、杂交种、转基因种以及其他不符合生态要求的水生生物物种进行增殖，严防种质退化和疫病传播。

此外，《指导意见》还提出要理顺、完善经营机制，建立健全监督管理机制，推进高质量融合发展等。

三、《关于实施 2020 年水产绿色健康养殖"五大行动"的通知》

2020年3月30日，为认真贯彻党中央、国务院关于应对新冠肺炎疫情、做好农产品稳产保供工作等重要精神，深入落实2020年中央1号文件作出的"推进水产绿色健康养殖"重要部署，以及《关于加快推进水产养殖业绿色发展的若干意见》有关工作要求，推广先进适用的水产绿色健康养殖技术和模式，加快推进水产养殖业绿色发展，农业农村部决定从2020年起实施生态健康养殖模式推广行动方案、养殖尾水治理模式推广行动方案、水产养殖用药减量行动方案、配合饲料替代幼杂鱼行动方案、水产种业质量提升行动方案，即水产绿色健康养殖"五大行动"（以下简称"五大行动"）。主要内容如下：

（一）提高思想认识，明确行动工作目标

各地要加强对推进水产养殖业绿色发展重要性的认识，把开展好"五大行动"，作为当前打赢疫情防控阻击战、做好水产品稳产保供的重要任务之一，作为今后一段时期渔业渔政重点工作，加强组织领导，采取有效措施，层层压实责任，切实把"五大行动"相关工作抓紧、抓实、抓好，抓出典型经验，取得明显进展和显著成效。通过广泛开展"五大行动"，大力推广生态健康养殖模式，稳步推动水产养殖尾水治理，持续促进水产养殖用药减量，积极探索配合饲料替代幼杂鱼，因地制宜试验推广水产新品种，示范推广一批符合水产绿色健康养殖发展要求的技术模式，建立各类示范推广主体，达到加快转变水产养殖方式、持续改善养殖生态环境、提升产业发展质量、全力推进水产养殖业绿色发展的主要工作目标。

（二）加强统筹协调，细化行动职责分工

农业农村部渔业渔政管理局牵头组织推进水产养殖业绿色发展各项工作，全国水产技术推广总站组织实施"五大行动"；各省级渔业主管部门结合实际制定本辖区"五大行动"方案并组织实施。各省级渔业主管部门要统筹抓好"五大行动"等水产养殖业绿色发展各项工作，把握好工作的总体方向，担负起本辖区"五大行动"组织和指导责任。要努力协调相关单位之间和地区之间各方面关系，构建各级渔业主管部门统筹协调把方向、出政策，水产技术推广机构具体组织实施，水产科研、教学等相关机构积极配合，各类企业主动参与,上下联动、多方协作、分工明确的"五大行动"工作机制。

(三)完善保障措施,督促行动落实落地

各级渔业主管部门要不断协调加大对"五大行动"等水产养殖业绿色发展工作的政策和资金支持。各级水产技术推广机构要按照"五大行动"方案要求,强化责任落实,充分发挥技术和体系优势,加强与相关科研机构和大专院校等的协同配合,联合龙头企业、专业合作社等新型生产经营主体,抓好行动实施和各项工作落实,加强工作调度和督促,确保各项行动落地生效;要做好技术服务推广和模式提炼示范,研究制定技术标准和操作规范,深入开展技术培训、交流研讨、现场观摩等活动,扩大辐射带动范围;要及时总结经验做法,充分利用各类媒体平台广泛宣传,增强水产养殖从业者的健康养殖意识和消费者认可度,营造良好社会氛围;要认真做好工作总结。

第二节 我国渔业发展现状

《2020年全国渔业经济统计公报》显示,2020年,渔业生产总体平稳,水产品产量由降转增,水产品供给由大量滞销到逐步恢复常态,市场价格先跌后升,渔业经济运行持续稳定恢复。

一、全社会渔业经济总产值

根据《2021年中国渔业统计年鉴》公布的数据,按2020年当年价格计算，2020年全社会渔业经济总产值为27 543.47亿元，其中渔业产值为13 517.24亿元，渔业工业和建筑业的产值为5 935.08亿元，渔业流通和服务业的产值为8 091.15亿元，三个产业板块产值的比例为49.1∶21.5∶29.4。渔业流通和服务业产值中，休闲渔业产值为825.72亿元，与2019年相比下降了14.32%。

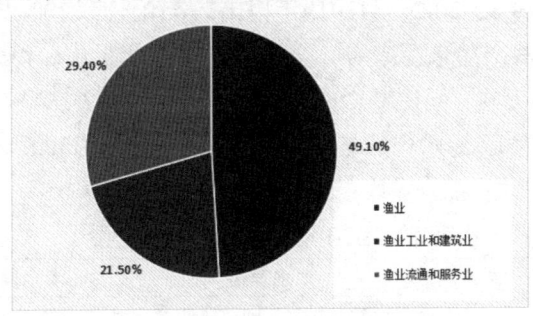

图1　2020年渔业经济总产值构成

渔业产值中，海水产品与淡水产品的产值比例（不含苗种）为47.0∶53.0，养殖产品与捕捞产品的产值比例（不含苗种）为79.7∶20.3。

具体统计数据为海洋捕捞产值为2 197.20亿元，海水养殖产值为3 836.20亿元，淡水捕捞产值为403.94亿元，淡水养殖产值为6 387.15亿元，水产苗种产值692.74亿元。

二、渔民人均纯收入

根据2019年11月1日至2020年10月30日期间对全国近1万户渔民家庭的收支调查情况，2020年全国渔民人均纯收入为21 837.16元，比上年增加728.87元、增长3.45%。

三、水产品产量及人均占有量

2020年，全国水产品总产量6 549.02万吨，与2019年同期相比增长了1.06%。其中，养殖产量5 224.20万吨，同比增长2.86%，捕捞产量1 324.82万吨，同比降低5.46%，养殖产品与捕捞产品的产量比例为79.8∶20.2，与2019年相比，养殖产量增加而捕捞产量减少。从水产品来源来看，全国水产品总产量中，海水产品产量3 314.38万吨，同比增长0.97%，淡水产品产量3 234.64万吨，同比增长1.15%，海水产品与淡水产品的产量比例为50.6∶49.4，海水产品和淡水产品产量均有所增加。

表1 2020年全国水产养殖产量

指标	养殖产量（万吨）	海水养殖		淡水养殖	
		产量（万吨）	同比（%）	产量（万吨）	同比（%）
全国总计	5 224.20	2 135.31	3.39	3 088.89	2.49
鱼类	2 761.36	174.98	8.97	2 586.38	1.51
甲壳类	603.29	177.50	1.79	425.79	8.33
贝类	1 498.71	1 480.08	2.86	18.63	-1.75
藻类	262.14	261.51	3.02	0.62	14.31
其他	98.70	41.24	9.81	57.47	8.11

表2 2020年国内捕捞产量

指标	国内捕捞产量（万吨）	海洋捕捞		淡水捕捞	
		产量（万吨）	同比（%）	产量（万吨）	同比（%）
全国总计	1 093.16	947.41	-5.27	145.75	-20.84
鱼类	759.67	648.78	-4.99	110.89	-19.87
甲壳类	197.27	181.08	-5.59	16.18	-31.08

续表

指标	国内捕捞产量（万吨）	海洋捕捞 产量（万吨）	海洋捕捞 同比（%）	淡水捕捞 产量（万吨）	淡水捕捞 同比（%）
贝 类	53.33	36.19	−12.14	17.14	−16.34
藻 类	2.20	2.17	24.66	0.02	3 314.29
头足类	56.49	56.49	−0.76		
其 他	24.21	22.70	−11.41	1.52	−14.02

2020年，我国远洋渔业产量为231.66万吨，与2019年同期相比增长6.75%，占水产品总产量的3.54%。

2020年，全国水产品人均占有量46.39千克（根据第七次全国人口普查结果，全国人口为141 178万人），比上年减少0.06千克、下降0.13%。

四、水产养殖面积

2020年，全国水产养殖面积7 036.11千公顷，同比下降1.02%，海水养殖面积增加而淡水养殖面积减少。其中，海水养殖面积1 995.55千公顷，同比增长0.17%；淡水养殖面积5 040.56千公顷，同比下降1.48%；海水养殖与淡水养殖的面积比例为28.4∶71.6。

表3　2020年全国海水养殖面积

指标	海水养殖面积（千公顷）	同比（%）	占总面积比重（%）
全国总计	1 995.55	0.17	
鱼 类	78.87	4.68	3.95

续表

指 标	海水养殖面积（千公顷）	同比（%）	占总面积比重（%）
甲壳类	295.17	2.54	14.79
贝 类	1 197.41	-0.57	60.00
藻 类	141.81	0.05	7.11
其他类	282.29	-0.25	14.15

表4 2020年全国淡水养殖面积

指 标	淡水养殖面积（千公顷）	同比（%）	占总面积比重（%）
全国总计	5 040.56	-1.48	
池 塘	2 625.40	-0.73	52.09
湖 泊	720.65	-6.42	14.30
水 库	1 420.87	0.30	28.19
河 沟	147.45	-5.11	2.93
其 他	126.19	-2.59	2.50

五、渔船年末拥有量

2020年末，全国渔船总数56.33万艘、总吨位1 005.93万吨。其中，机动渔船37.48万艘、总吨位979.68万吨、总功率1 856.39万千瓦；非机动渔船18.85万艘、总吨位26.25万吨。

机动渔船中，生产渔船36.02万艘、总吨位870.66万吨、总功率1 624.80万千瓦。辅助渔船1.46万艘，总吨位109.03万吨，总功率231.58万千瓦。

六、渔业人口和渔业从业人员

随着长江"十年禁渔"政策逐步落实,沿江省(市)的"一江两湖七河"和332个水生生物保护区重点水域禁捕退捕工作有序地展开,2020年我国渔业人口1 720.77万人,比上年减少107.44万人、下降5.88%;渔业人口中传统渔民为555.43万人,比上年减少45.06万人、下降7.50%。渔业从业人员1 239.59万人,比上年减少52.11万人、下降4.03%。

七、水产品加工与贸易

截至2020年底,全国水产加工企业有9 136个,水产冷库8 188座。水产加工品总量为2 090.79万吨,同比下降了3.71%。其中,海水加工产品1 679.27万吨,淡水加工产品411.51万吨;与2019年同期相比,海水加工产品产量下降5.45%、淡水加工产品产量增长4.09%。

2020年,用于加工的水产品总量2 477.16万吨,与2019年同期相比下降6.52%。其中,用于加工的海水产品1 952.98万吨,同比下降6.64%;用于加工的淡水产品524.18万吨,同比下降6.09%。

据海关总署统计,2020年我国水产品进出口总量949.04万吨,同比下降9.89%,进出口总额346.06亿美元,同比下降12.07%。其中,出口量381.18万吨,同比下降10.66%,出口额190.41亿美元,同比下降7.81%;进口量567.86万吨,同比下降9.36%,进口额155.65亿美元,同比下降16.77%;贸易顺差34.76亿美元,比上年同期增加15.24亿美元。

第三节 贵州渔业产业政策

自2018年以来,贵州省委、省政府将生态渔业列为全省12大农业特色优势产业之一,出台了一系列支持渔业发展的政策,积极推动贵州生态渔业的发展。

一、《关于加快推进生态渔业发展的指导意见》

2019年4月29日,贵州省人民政府办公厅下发了《关于加快推进生态渔业发展的指导意见》[1]。主要内容如下:

(一)明确发展目标,实现生态渔业提质增效

以"零网箱·生态鱼"为目标,将绿色发展理念贯穿于水产养殖生产全过程,以渔控草、以渔净水,推动渔业高效益、高品质与高产量均衡发展。到2020年,水产养殖业绿色发展取得明显进展,生产空间布局得到优化,逐步提高优质水产品的供给范围。到2022年,力争实现水产养殖布局更趋科学合理,水产品产销两旺,湖库生态养殖、稻渔综合种养及其他生态养殖实现规模化、规范化发展,"贵水黔鱼"品牌价值大幅提升,基本形成产品优质、产地优美、技术先进的现代化生态渔业发展态势。

(二)科学编制养殖规划,合理布局渔业产业

各市(州)、县(市、区、特区)政府要加快推进养殖水域滩

---

[1] 省人民政府办公厅关于加快推进生态渔业发展的指导意见(黔府办函〔2019〕47号)(2019-04-10)[2019-04-29].https://www.guizhou.gov.cn/zwgk/zcfg/szfwj/qfbh/201904/t20190429_70474872.html.

涂规划编制工作，充分利用供水、灌溉、发电等各种水库形成的水面资源，合理划定禁止养殖区、限制养殖区和养殖区。在饮用水水源地一级保护区、自然保护区核心区、缓冲区和试验区，国家级水产种质资源保护区禁止开展水产养殖等生产经营活动；在饮用水水源地二级保护区、自然保护区外围保护地带等开展水产养殖，要限制生产方式、控制养殖密度，禁止从事网箱、围栏、投饵、施肥养殖。大力发展稻渔综合种养，积极发展冷水鱼健康养殖，因地制宜发展循环水生态养殖等产业项目。

（三）大力发展湖库生态渔业，拓展渔业发展空间

以黔中、夹岩等大型水利枢纽工程及清水江、南盘江、北盘江、都柳江、舞阳河、清水河流域梯级电站库区为重点（涉及水产种质资源保护区的库区除外），鼓励在湖库发展不投饵滤食性、草食性鱼类及地方土著鱼类等，稳定供应绿色、生态、优质的生态渔产品，为培育"贵水黔鱼"品牌提供支撑。

（四）大力发展稻渔综合种养，提高稻田综合效益

发挥黔东南州、遵义市的示范带动作用，在各市州推广稻渔综合种养，通过"稻+N"模式，形成有民族特色和地方特点的稻渔综合种养产业带；在种植水稻的500亩坝区大力实施稻渔综合种养。同时做好"稻"文章，选择适合稻渔综合种养的水稻品种，提高稻田综合效益，实现一水两用、稳粮促渔、提质增效。

（五）积极发展冷水鱼健康养殖，打造冷水鱼养殖示范基地

各地要充分利用冷水资源，积极发展冷水鱼健康养殖。重点在江口、镇宁、普定、绥阳、松桃、印江、惠水、荔波等县打造一批年产量500吨以上的鲟鱼健康养殖示范基地。

（六）加快苗种繁育基地建设，提高生态渔苗自供能力

按照国家级水产原、良种场标准，抓紧建设覆盖全省的"育—繁—推一体化"特色鱼种繁育基地；对全省现有的鱼苗鱼种场进行改造提升，开展土著鱼类、大宗商品鱼类繁育研发，切实提高我省生态渔苗种自供能力。

（七）实施品牌战略，着力打造立体销售网络

建立适应市场消费需求的立体销售网络。做强"贵水黔鱼"贵州生态鱼整体品牌，巩固提升"乌江鱼""稻花鱼"品牌影响力，打造一批品牌形象店和社区直销店。推广"黔菜坊"等成功销售终端模式，打造"贵水黔鱼"品牌形象店及社区销售店。积极推进生态渔业产品进军营、进超市、进农贸市场、进餐饮店、进学校、进企业、进机关，同步搭建好电商、淘宝、微信等线上销售平台，逐步建立起满足消费市场需求的立体销售网络。支持企业到国内外、省内外参加各类展销会、博览会，对贵州生态鱼品牌进行推介，并通过媒体、贵州电子商务云、贵农网、农经网及官方微博、微信等平台加强对"贵水黔鱼"等生态鱼产品宣传，不断提升品牌形象，增强贵州生态鱼市场竞争力。

（八）统筹上下游产业，推进生态渔业全产业链可持续发展

开展养殖、捕捞、加工设备研发制造，支持水产品加工、流通和现代冷链物流体系建设，引导活鱼消费向便捷加工产品消费转变，促进一二三产业相互融合、协调发展，形成较为完善的生态渔业产业体系。积极发展休闲观光渔业，推动农—渔—旅一体化。

（九）加大经营主体培育力度，逐步完善生态渔业经营体系

培育和壮大养殖大户、家庭渔场、专业合作社、水产养殖龙头企业等新型经营主体，引导发展多种形式的适度规模经营。实行政

府主导下的资源整合利用，采取"政府管理水面、企业经营水产"的模式，将省水投集团投资（含控股）建设的水利水电工程形成的水域，支持省生态渔业公司商地方政府以合作经营模式发展湖库生态渔业。鼓励和引导其他生产经营主体，积极参与各种模式的生态渔业产业项目投资经营，逐步完善生态渔业经营体系。

（十）健全利益联结机制，巩固全省脱贫攻坚成果

聚焦产业革命"八要素"，以"三变"改革为核心，构建"公司+合作社（集体经济组织）+渔民（贫困群众）"的利益联结机制，根据各地资源优势，选择好水产养殖模式，因地制宜发展渔业生产，使项目所在地政府、集体经济、项目区群众共享生态渔业发展红利，促进地方经济发展，带动群众增收，助力脱贫攻坚。

（十一）加强示范引领，形成可复制可推广的样板

积极支持和引导各县打造一批规模化、标准化生态渔业示范基地，大力创建国家级稻渔综合种养示范区、农业农村部水产健康养殖示范场；在基础较好、资源条件适宜的地方，实行"整县推进"，争创国家级稻渔综合种养示范县和水产健康养殖示范县。

（十二）完善配套政策，加大资金投入

省直相关部门和各地要出台相关优惠政策措施，鼓励发展生态渔业，将养殖水域滩涂纳入国土空间规划，按照"多规合一"要求，做好相关规划的衔接，生产用电与农业用电同价，把水产机械纳入农机补贴范围等。建立政府引导、生产经营主体自筹、社会资金参与的多元化投入机制。各级财政加大涉农资金整合力度，增加对生态渔业全产业链的投入。地方政府和生产经营主体要积极争取中央财政资金支持，高质量编制生态渔业项目申报省绿色产业扶贫投资基金，将更多生态渔业项目列入乡村振兴战略项目库。采取担

保、保险等增信分险措施，积极探索推动渔业产业全产业链担保和保险扩面、增品、提标，为生产经营主体提供优质金融服务。大力扶持省级生态渔业龙头公司上市。

（十三）规范证照办理，加大渔政执法力度

利用湖库水域开展生态放养和回捕，申请办理养殖许可证、捕捞许可证的，县级地方人民政府和渔业行政主管部门应积极主动依法及时办理。湖库水域跨市（州）、县（市、区、特区）的，由共同的上一级人民政府或人民政府渔业行政主管部门协调、办理。各级渔业行政主管部门要结合湖库生态养殖的实际情况，合理划定禁渔区和禁渔期，加强渔政执法监管。经营主体要依法依规严格执行禁渔区和禁渔期的管理规定。各级公安部门要严厉打击电鱼、毒鱼、炸鱼等破坏渔业资源的非法行为。各地要整合乡、镇、村相关人员协助生产经营单位建立管护队伍，加强日常管护，维护生产者的合法权益。

（十四）加强科研支撑，强化人才科技保障

建立生态渔业专家库，加大生态渔业科技创新人才培养与引进力度，加强与高等院校及科研院所合作，依托生态养殖基地，打造生态渔业产、学、研、推技术平台，积极开展土著鱼类驯化、繁育等方面技术攻关，健全水生动物疫病防控体系建设，为生态渔业健康持续发展提供科技供给服务和人才保障。

（十五）加强组织领导，严格落实责任

各地要成立以政府负责人为组长的生态渔业发展领导小组，加强工作部署、组织协调和督促检查；水利、农业农村部门要成立生态渔业工作专班，建立工作机制，细化责任落实，积极推进本地区生态渔业发展。

二、《关于加快推进水产养殖业绿色发展的实施意见》

2020年6月23日，贵州省农业农村厅会同省水利厅、省生态环境厅、省自然资源厅、省发展改革委、省财政厅、省科技厅、省大数据发展管理局、省商务厅、省市场监督管理局、贵州银保监局联合印发《关于加快推进水产养殖业绿色发展的实施意见》[1]（黔农发〔2020〕51号）。主要内容如下：

（一）总体要求

明确了指导思想和基本原则，以习近平新时代中国特色社会主义思想为指导，坚持质量兴渔、市场导向、创新驱动、依法治渔。

（二）工作目标

围绕水产养殖业绿色发展和省生态渔业发展有关要求，提出水产品产量产值、品牌影响力提升、健康养殖示范、养殖空间布局、养殖尾水治理等相关指标和要求。

（三）主要任务

围绕工作目标，结合我省水产养殖业实际，突出了依法编制发布养殖水域滩涂规划、优化养殖生产布局、大力发展生态健康养殖、提高养殖设施和装备水平、推进养殖尾水治理、完善养殖生产经营体、加强疫病防控、强化投入品管理、规范水产苗种生产、加强质量安全监管、推进一二三产业融合发展、加强国际交流与合作等重点任务。

---

[1] 贵州省农业农村厅、省水利厅、省生态环境厅、省自然资源厅、省发展改革委、省财政厅、省科技厅、省大数据发展管理局、省商务厅、省市场监督管理局、贵州银保监局联合印发《关于加快推进水产养殖业绿色发展的实施意见》黔农发〔2020〕51号（2020-06-23）[2020-07-21].http://nynct.guizhou.gov.cn/zwgk/xxgkml/zcjd/202006/t20200629_61285710.html.

(四) 保障措施

从加大资金投入、强化科技支撑、完善配套政策、严格落实责任、加强执法监管五个方面，确保任务落实落地。

第四节 贵州生态渔业产业发展现状

"十三五"时期，贵州省渔业实现了从网箱养殖到生态渔业养殖方式的转变，克服了自然灾害、生产异常波动和新冠肺炎疫情等不利因素影响，加快推进转型升级，绿色发展喜见成效，生态渔业现代化建设取得明显进展，综合生产能力、市场竞争力和可持续发展能力不断增强。

2020年，已全面完成"十三五"时期的主要规划目标。全面推进全省生态渔业产业发展，全省渔业产值实现66.84亿元，实现水产品产量24.87万吨；完成鲟鱼产量1.91万吨，位居全国第二；发展稻渔综合种养280.04万亩；位居全国第六；累计发展湖库生态渔业面积63.58万亩。累计带动76.5万户农户增收，其中建档立卡贫困户10.27万户。

一、主要成效

（一）水产品供给能力稳步提升

2020年，完成水产品产量24.87万吨，其中，鲟鱼产量1.91万吨。发展稻渔综合种养280.04万亩，累计发展湖库生态渔业面积63.58万亩，实现渔业经济总产值73.35亿元。

（二）贵州渔业转型升级取得成效

2018年以前，网箱养殖是我省主要的养殖方式，网箱养殖的水产品产量占比大。2018年以后，贵州生态渔业贯彻新发展理念，着力产业生态化、生态产业化，因地制宜规模发展生态渔业。2020年12月，贵州省农业农村厅印发了《贵州省养殖水域滩涂规划（2019—2030年）》，规范了全省水域的禁止养殖区、限制养殖区、养殖区的划分，合理布局了全省水产养殖生产，稳定了基本养殖水域。冷流水养殖、湖库生态渔业、稻渔综合种养和设施渔业成为我省生态渔业发展的主要方式。鲟鱼养殖持续发展，养殖产量居全国第二；设施渔业蓬勃发展，池塘工程化循环水养殖、集装箱养殖、工厂化养殖等养殖方式已初具规模。

（三）渔业科技支撑不断加强

渔业科技获贵州省科技进步奖2项、贵州省自然科学奖1项，制定稻田生态渔业系列标准21项，发布鲟鱼养殖标准2项，修订池塘培育鱼种标准1项。引进推广福瑞鲤2号、松浦镜鲤、松浦红镜鲤等新品种。开展陆基集装箱循环水养殖、池塘工程化循环水养殖、易位循环水养殖等新技术的引进、研究与示范，贵州省内的设施渔业由引进、消化到集成创新转变。

（四）长江十年禁捕工作趋势良好

贵州长江流域重点水域2 548艘渔船、2 494名渔民已全部转产上岸，退捕率为100%，船网处置率为100%，渔民社会保障率为100%，转产就业率为99.58%。

（五）渔业市场主体逐步发展壮大

在贵州省生态渔业发展中，省政府进一步加强了政策支持力度，激发市场主体活力。全省渔业企业、合作社达到1 500余家，涌现出贵州水投水务集团贵州省生态渔业公司、贵阳市农投集团红枫湖畜禽水产有限公司、贵州民投集团三穗县兴绿洲农业发展有限公司等龙头企业。成立了贵州省渔业协会，渔业企业抱团发展。渔业合作社数量达到650余家，联结了千千万万的养殖农户。

（六）贵州生态鱼的认可度日益增强

好水出好鱼，目前有4家企业的湖库鱼获得了有机产品认证；"贵水黔鱼""黔湖牌""播州乌江鱼""剑河稻花鱼"等产品品牌日益提升；荔波县鲟鱼产品出口越南，实现鲜活水产品出口。

（七）水生生物多样性保护工作持续加强

"十三五"期间，我省新增国家级水产种质资源保护区5个，目前共建立了水产种质资源保护区26个，其中，长江流域21个（国家级20个，省级1个），珠江流域5个（国家级4个，省级1个）；在乌江、锦江、赤水河、清水江、南北盘江、都柳江等投放各类鱼苗达1.2亿尾，取得了显著的生态、经济和社会效益。

（八）生态渔业为贵州省实现全面脱贫做出了重要贡献

2020年，贵州省撕掉了千百年来的绝对贫困标签，作为贵州省十二个农业特色优势产业之一，生态渔业做出了重要贡献。生态渔业在全省生产总值的贡献率逐步提高，形成多种利益联结机制，设置脱贫攻坚公益性就业岗位、直接支付农户土地入股保底分红金、帮助附近农户就近就地就业、带动农户发展生态渔业等方式，帮助贫困群众实现稳定增收。2019年渔业发展带动了70万余户农户增收，其中，建档立卡贫困户4万余户、14万余人。2020年支持"9+3"深度贫困县（市、区）发展生态渔业，累计带动10万余户农户增收，其中建档立卡贫困户超过2万户。

二、渔业区域品牌

为更好地挖掘省域的农产品地理标志资源，贵州省生态渔业发展领导小组紧紧依托农产品地理标志在培育地方主导产业、发展区域经济、打造特色品牌、促进农产品差异化发展、增加农民收入等方面的作用，积极推进质量兴农、绿色兴农、品牌强农，致力培育一批生态渔业区域品牌，大力开展农产品地理标志品牌培育和产品认证工作。目前，贵州省已对播州乌江鱼、锦屏腌鱼、剑河稻花鲤、从江田鱼实施国家农产品地理标志登记保护。

（一）播州乌江鱼

遵义播州特产、乌江特色美食、全国农产品地理标志。2017年12月，原中华人民共和国农业部正式批准对"播州乌江鱼"实施农产品地理标志登记保护。播州乌江鱼（大口鲶、长吻鮠）具有脂肪含量低、蛋白质含量高，鱼腥味少、肉质紧实、细腻鲜嫩、少刺等特点，经播州辣椒、乌江豆腐的点缀，乌江豆腐鱼更是香鲜辣烫，色味俱佳。

（二）锦屏腌鱼

黔东南地区远近闻名的地方土特产、锦屏县的特色食品、中国国家地理标志产品。2017年12月，原国家质检总局批准对"锦屏腌鱼"实施地理标志产品保护。锦屏腌鱼以独特的风味而闻名于省内外市场，深受广大消费者的青睐，它最大的吸引力主要来自其独特的工艺和味道，令人垂涎，是勤劳的苗乡侗寨人民历经数百年长期加工食用的风味食口，利用当地独一无二的气候和水资源，采用独特的配方和纯手工加工工艺腌制而成，其口味酸中带甜，辣酸适中，质好味美，口感纯香浓郁，风味独特。

（三）剑河稻花鲤

剑河稻花鲤为本地呆鲤，俗称稻花鲤，稻田养殖，以水稻生长周期捕食，捕食稻田昆虫、杂草，水稻扬花季，以食稻花为主，水稻收割后，以食掉到田里稻谷为主等特点，冠以产地名称，称为"剑河稻花鲤"，以区别于其他地区所产的鲤鱼。剑河稻花鲤肉质细腻、味道鲜美、营养丰富。当地苗侗群众逢年过节馈赠的佳品，腌鱼、鱼干和酸汤鱼更是家家户户长年餐桌上必不可缺的一道美味佳肴。2020年4月，"剑河稻花鲤"荣获了国家地理标志保护产品称号。

（四）从江田鱼

在从江特定的自然生态环境条件下经过数百年的自然选择及人工培育形成的稻田鲤鱼。2020年12月，"从江田鱼"获得全国农产品地理标志登记。每到金秋时节，在稻谷成熟时，人们就开始放水晒田，随后抢收稻谷、下田抓鱼，稻田里呈现一派"稻、鱼"丰收景象。"从江田鱼"呈纺锤形，背部隆起，头略平扁，被鳞，眼大，尾柄长而窄，整个鱼体近金黄色。

三、渔业有机食品认证

近年来，贵州省重点围绕12大特色优势产业，推进国家有机产品认证示范区建设，积极拓展有机产品认证服务领域，扩大区域有机产品规模。

贵州省的月亮湖有机鱼、龙滩口有机鱼、黔鲵有机鱼、三板溪有机鱼、水鸭子有机鱼、万峰湖有机鱼、光照湖有机鱼、凉都有机鱼、亿丰源有机鱼、家清有机鱼先后通过中国有机产品认证。

四、休闲渔业

（一）湖库休闲渔业

黔西南州休闲渔业获两张国家级名片。2020年，通过举办全国性垂钓系列赛事，有效带动了旅游观光、饮食服务等多行业融合发展。2020年12月22日，农业农村部休闲垂钓协会将黔西南州誉为"休闲垂钓之都"，命名兴义万峰湖为"休闲垂钓示范基地"。

（二）黄平县稻花鱼文化节

黄平县环境优美，水质优越，民族文化浓郁，农耕传统保留完美，稻田养鱼长盛不衰，具备发展乡村旅游，打造聚集农业观光、垂钓休闲、农家生活体验、梯田优质稻等为一体的乡村旅游点的极好条件。黄平县稻花鱼文化节除了徒手抓鱼、民俗摄影、芦笙吹奏、苗歌传唱、体验苗家长桌宴等传统活动外，还有反映农村生活娱乐活动的挑水、吃辣椒、背媳妇等比赛。丰富的文化活动吸引了来自省内外及周边县、市的游客和摄影爱好者相聚黄平县十里桥龙塘。

五、渔业发展模式

贵州省内各市（州）形成一批各具特色的经验和做法，如贵阳市创建"黔湖品牌"助推生态渔业发展；遵义市通过"引智入遵"引领生态渔业发展；六盘水市建立"协作机制"促进生态渔业发展；安顺市填补"设施渔业"助力生态渔业发展；铜仁市强化"政府引导"助推生态渔业发展；黔南州围绕"助农增收"推进生态渔业发展；毕节市首创"整市推进"生态渔业发展模式；黔东南州探索"全产业链"生态渔业发展模式；黔西南州创新"渔+"生态渔业融合发展模式。这些经验与做法形成了一套行之有效的生态渔业模式，为贵州生态渔业高质量发展奠定了基础。

六、渔业发展的组织及利益联结模式

（一）"企业+合作社+农户"模式

安顺市镇宁县贵州锦润水产品有限责任公司，主养鲟鱼，通过合作社入股分红，流转农户土地，农户得到土地租金，并享受"务工"的红利，直接带动120户农户。

（二）"村社合+农户"模式

黔东南州镇远县羊场镇龙洞村贵州省惠农种养殖农民专业合作社，"稻+鱼+鸭"稻田养殖模式，实行"五个统一"（统一供苗、统一工程模式、统一防疫防治、统一技术管理、统一销售服务），实施面积1 000亩以上，土地流转400元/亩，农户自产的优质稻按每斤1.6元，稻田鱼按每斤15元保底收购。涉及农户314人，利益联结贫困户100户。

（三）"龙头企业+农户"模式

铜仁市江口县贵州省东亿农业发展有限公司，主养鲟鱼，以龙头企业为依托，农户通过土地入股、资金入股、技术入股、务工收入等方式参与龙头企业分红。扶贫资金量化入股，入股资金产生利润，按企业、村集体、农户6∶1∶3比例分红，农户务工按每天100元。公司建立冷水鱼养殖基地3个，养殖面积300余亩，商品鲟鱼年产量达1 000吨，带动20余户农户参与公司分红，带动100余户农户进入基地务工。

（四）"省渔业公司+县政府+农户"模式

贵州省生态渔业公司是国有企业，公司与地方政府签署发展生态渔业合作协议,与地方国有平台公司共同组建成立县域公司,县域公司作为全县生态渔业产业发展的经营管理主体,充分整合资源,多渠道带动全产业链发展。在项目利润分配中,涉及使用地方水库资源的大水面生态养殖项目,优先提取利润的15%作为地方资源收益费及库区周边村集体利益联结费用,省生态渔业公司与地方国有平台公司再按照股比进行分配。

(五)"合作社+农户"模式

遵义市赤水市两河口镇大荣村兴发冷水鱼养殖农民专业合作社,主养鲤鱼、中华倒刺鲃、岩原鲤等。采用"四定、五统、二分"的生产经营管理模式,以信定员、以销定产、以标定质、以质定价;合作社统一购买鱼苗、统一技术标准、统一价格、统一服务、统一对外销售,按交易量分红到村、利益分红到户,按照"保底+分红"方式,每亩土地入股500元,并每三年递增5%的标准获取保底收益,利润20%留村集体,作为下一年的流动资金,80%纳入面向群众再分配。发展生态鱼养殖面积2 400亩,实现利润380余万元,带动农户102户328人,合作社分红20万元,农户分红360余万元,人均纯收入约1.1万元。

第五节 贵州省渔业发展案例

一、铜仁市冷水鱼产业

铜仁市立足独特的生态资源优势,把生态优势转化为经济优势,大力发展冷水鱼产业,实现了冷水鱼产业裂变式发展,环梵净山冷水鱼产业带渐成规模。2020年底，铜仁市冷水鱼规模养殖点达到34个，有效流水养殖面积达270 300平方米，产量达到6 421.9吨，苗种年繁育能力达到1 000万尾，产值达到2.13亿元，具有年产商品鱼200吨以上企业11家。

（一）强化组织保障，提升政策扶持力

出台《铜仁市生态渔业发展实施意见》，成立以市政府副市长和市政协副主席任双组长的生态渔业领导小组和生态渔业发展工作专班，印发《市领导领衔推进农村产业革命工作制度》，加强对全市生态渔业发展工作的组织领导和业务指导，强力推进冷水鱼产业发展。同时，强化资金保障，积极对接省级相关部门项目申报，争取省级和国家专项资金。2019年以来，铜仁市争取各级财政资金1 120万元支持冷水鱼产业发展，为冷水鱼产业发展提供了坚实保障。

（二）强化基础建设，提升产业支撑力

依托丰富的山泉水等冷水资源，以梵净山环线的江口县为中心，以鲟鱼、大鲵等品种为重点，带动印江、松桃、碧江开展生态特种冷水鱼养殖，逐步扩大规模及范围，培育冷水鱼产业品牌。目前，铜仁市基本实现冷水鱼孵化繁育、养殖生产、精深加工、营销网络等全产业链发展。2020年，新增冷水鱼养殖面积7.2万平方米。

（三）强化内培外引，提升企业带动力

先后引进和培育贵州省生态渔业公司、贵州绿源水产、贵州东亿农业、贵州古鲟生物等龙头企业来铜发展冷水鱼产业。目前，已培育冷水鱼省级农业龙头企业2家，市级农业龙头企业5家。积极组织贵州东亿农业等公司申报省级农业龙头企业，通过"龙头企业

农户+"模式带动产业发展。带动100余个小型企业（合作社、大户）3 000余人。

（四）强化精深加工，提升产品影响力

在现有鲟鱼养殖的基础上，通过与中国水产科学研究院长江水产研究所、四川润兆等科研团队合作，建立起冷水鱼产品研发中心，积极推动江口鲟鱼子酱加工基地、贵州古鲟生物鲟鱼子酱加工等项目建设，延长产业链条，提高产品质量，提升产品附加值和产业规模化效益。目前，江口县鲟鱼子酱加工基地已完成主体工程施工，项目建成后，每年可培育鲟鱼亲鱼600吨，产鱼子酱20吨，副产品150吨，提供就业岗位80个，人均增收3 000元以上。

（五）强化品牌打造，提升市场销售力

严格按照操作规程与要求生产和加工，从优质产品、商标注册、广告宣传、产品包装到经营策略进行全方位品牌建设，打造无公害食品品牌，不断提升冷水鱼的竞争力和附加值，实现以品质求发展，以品牌求发展的良性循环。目前，全市冷水鱼产业已获农业农村部健康养殖示范场认证3家，省级健康养殖示范场认证8个，江口县已注册"贵水鲟"冷水鱼商标，鲟鱼产品远销越南等东南亚国家，实现鲟鱼年出口产量50吨。

（六）强化利益联结，提升脱贫推动力

采取"龙头企业+合作社+农户"模式，铜仁市建立并完善了利益联结机制，通过土地租金、土地入股、资金入股、技术入股等方式，带动农户1 500余户5 000余人增收，其中贫困户500户1 500余人，实现户均增收3 000元以上。

二、遵义市播州区柜式易位智慧渔业示范

在遵义市播州区龙坪镇兴隆村成立了一家多元化农业种养结合循环农（渔）业企业，选择"乌江鱼"地标品种的繁殖、柜式易位智慧渔业系统与稻田综合种养（"稻+鱼""稻+虾""稻+蛙""稻+鳖"等）相结合，采用标准定制集装箱式养鱼，将鱼粪进行回收处理，制成稻田的底肥或追肥，将尾水处理净化后可为稻田灌溉，走出了一条陆基集装箱绿色生态循环水养殖的新模式。

这种养殖模式占地面积小，零污染、零排放，节能环保，高产高效。把鱼限制在相对狭小的箱子空间里，然后装上"推水增氧"装置，通过水体流动实现氧气、食物及残渣粪便在柜体中的循环。而鱼粪和饲料残渣收集后进入农田，发展"稻+鱼"养殖，实现产业绿色化，绿色产业化。

通过养殖尾水处理技术，经机械过滤、生物挂膜、植物吸收等实现养种有机结合，水资源循环利用，处理过的清水能达到Ⅲ类水质标准，清水可以再次进入集装箱循环养鱼，产出的鱼没有泥腥味，产量高，一个160立方米的箱体养殖大宗鱼类，产量能达到3万斤，相当于传统水面养殖30亩鱼塘的产出。

2020年，播州区水产品总产量达1.56万吨，渔业产值5.4亿元。其中，陆基集装箱循环水养殖40个，陆基易位柜式循环水养殖大箱体20个，陆基圆桶循环水养殖57个。该区陆基循环水养殖每年可产鱼545吨，产值2 000余万元。

三、播州区新模式、新品种、新业态生态渔业发展

近年来，贵州省遵义市播州区在坚决落实长江"十年禁渔"的

前提下，积极探索生态渔业发展新模式，培育新品种、逐步形成新业态，保证产品生态、养殖尾水生态的"双生态"模式，执行水域养殖规划，推广集约化养殖，坚持生态优先、绿色发展，围绕"三新一高"发展思路，推进渔业养殖标准化、规范化、规模化、机械化，以水定产，不断延长产业链，提高物联网普及率，形成以点带面，强品牌、带农户，生态渔业优势和综合效益日益凸显，全区水产品总产量1.56万吨，渔业产值5.4亿元。新品种"福瑞鲤"培育数量突破100万尾，"播州乌江鱼"品牌影响力进一步提升，全区送检的16个水产品样品在禁用药残检验上全部合格，通过推广稻渔综合种养减少化肥使用量1 470余吨。

（一）引进新模式，大力发展设施渔业

自2018年在乌江取缔网箱养殖后，播州区依托优越的自然条件、区位优势、资源禀赋和良好的生态环境，按照"高产、优质、高效、生态、安全"的要求，坚持"产业突出、特色鲜明、科技先进、效益显著、协调发展"的原则，大胆创新，引进多种国外、省外的先进养殖模式，大力推动绿色设施渔业发展，形成多种机械普及并用。通过养殖尾水经机械过滤、生物挂膜、植物吸收等实现养种有机结合，水资源循环利用，养殖全程利用现代物联网技术，推广应用"可视、可测、可控"的渔业物联网、病害远程诊断、质量安全追溯体系。利用产业革命项目资金撬动社会资本投入，建成一批特色渔业产业园、循环水养殖示范基地、箱式养殖基地、智慧渔业示范基地，让没有养过鱼的人切切实实感受到设施渔业的优越性、可操作性，达到示范带动效果。目前，播州区共有五种设施渔业发展模式：池塘工程化循环水养殖槽25条；流水（冷水鱼）养殖7 100平方米；圆筒式循环水养殖桶57个；高位循环池养殖水面22

亩；陆基集装箱生态循环水养殖40个，龙坪镇自主创新、提升柜式异位大箱体20个，生态渔业转型升级成效显著。

（二）培育新品种，全力发展稻田养鱼

播州区培育农业农村部推荐的新品种"福瑞鲤"100万尾。2020年播州区发放新品种"福瑞鲤"34吨，计50万余尾，在区内两个示范点及三条万亩示范带积极推行"稻+鱼""稻+蛙""稻+虾""稻+龟"等多种不同种养新模式、新品种，形成点线面联动的空间布局。2020年播州区推广稻田养鱼12万亩，覆盖全区18个镇（乡、街道办）103村，其中63个贫困村，惠及农户3 098户，其中建档立卡精准扶贫户471户，实施稻田养鱼亩产值较常规种稻亩均增收2 300余元。

（三）形成新业态，着力培育休闲渔业

播州区以做大做强播州乌江鱼国家地理标志品牌为目的，结合区内乌江豆腐、遵义辣椒，发展出独特的乌江豆腐鱼、乌江糟辣鱼两个不同口味鱼餐饮文化，让生态渔业与休闲旅游文化融合发展，以品牌促发展，以产业带农户。培育龙头企业4家，国家级健康养殖示范场5家，推进每项产业形成可养殖、垂钓、餐饮、水族观赏、渔事体验、科普教育等多种休闲业态，推动周边农家乐、山庄、水上人家等乡村旅游日益繁荣，促进一二三产业融合发展。

四、大水面生态渔业发展

湖泊、水库等大水面生态渔业是我国淡水渔业的重要组成部分。大水面生态渔业不仅为解决"吃鱼难"做出了历史性贡献，而且在建设水域生态文明、保障优质水产品供给、推动产业融合、促进渔民增收等方面发挥着重要作用。

（一）基本情况

贵州益寿生态养殖有限公司发展大水面生态养殖光照湖（牂牁江）库区总面积为7.5万亩，分别与相关县（特区）签署了合作协议。公司自成立以来，实施品牌带动战略，致力打造贵州生态鱼品牌，旨在做好贵州生态鱼的宣传和市场推介工作，做强做大贵州生态鱼品牌。

（二）经验分享

大水面生态养殖光照湖库区总面积为7.5万亩，其中：晴隆县3.27万亩、关岭县0.11万亩、普安县0.29万亩、六枝特区2.91万亩、水城县面积0.91万亩。2019年8月23日，在晴隆县举行了光照水库大水面生态渔业集中签约暨鱼苗投放仪式。该公司在光照湖（牂牁江）库区共计投放鱼苗154万斤，主要品种及占比：花鲢75%；白鲢10%；鲤鱼、草鱼15%；规格：250—750克。年产量达到300万斤，产值达2 100万元。公司在晴隆县花贡镇新寨村新建1个鱼苗繁育基地，占地面积150亩，主要繁育对象为鲤鱼、草鱼、鲢鱼、鳙鱼等，按"人放天养"模式，以投放滤食性鲢、鳙鱼苗为主，草鱼、鲤和鲫等杂食性和底栖鱼苗为辅，同时投放经济鱼类——青虾和银鱼，使水体生物链和物质、能量循环处于最佳状态，以水体中的浮游动植物等有机物质为食，摄取水中浮游动植物和有机碎屑生长，同时，通过建立打击非法捕捞联合执法体系，采取公司化运行，对库区进行统一管理，有效扼制非法捕捞（电鱼、毒鱼、台网、地笼等）、过度捕捞对库区鱼类资源的破坏，并对湖面垃圾等漂浮物清理得到有效治理，促进库区生态平衡和环境改善，实现生态与发展有机统一。

（三）取得成效

公司采取"龙头企业+企业（国有公司）+村集体（合作社）贫困户+"的合作模式，并与相关企业与农民专业合作社合作。长流乡、中营镇、花贡镇、茶马镇、莲城街道5个乡镇村集体（合作社），村集体（合作社）通过"三变"模式入股到公司，每年可获得收益。

一方面，由国有公司与村集体（合作社）签订入股合作协议，第一年按入股资金的30%进行分红，分红资金360万元，每个村集体（合作社）获得分红资金72万元；第二年按入股资金的15%进行分红，分红资金180万元，每个村集体（合作社）获得分红资金36万元；第三年按入股资金的15%进行分红，分红资金180万元，村集体（合作社）所得分红不低于70%用于贫困户参与公共服务的方式进行分红。另一方面，由晴隆黔祥农业开发投资有限公司代表县政府承收水域资源利用费每年134.8万元（晴隆县水域面积33 700亩×40元/年·亩），在入股期间的3年，全部分配给5个涉水乡镇（街道），由涉水乡镇进行补短板，其中每年给长流乡、中营镇、花贡镇、茶马镇各分配30万元、莲城街道分配14.8万元资源利用费。

贵州益寿生态养殖有限公司已经解决贫困户就业人数120人，覆盖1 500户，带动6 000人。

五、榕江县稻渔综合种养

近年来，贵州省黔东南州榕江县抢抓机遇、发挥优势、突出特色，依托丰富的水资源和稻田环境资源，依靠水产技术的不断进步，加快推进稻田养鱼从"靠天养鱼、任其发展"转变为生产能力强、抵御风险能力强和应对市场变化能力强的规模化稻渔综合种养，助力"稻花鱼"做大做强，以"六个注重"扎实推进全县稻渔综合种养发展，通过"五统一分"发展模式促进全县稻渔综合种养扩面提质增效。发展面积已从2018年的5.4万亩增加到2020年的10.1万亩，水产品单产由2018年的15千克/亩增加到2020年的32.5千克/亩，水稻单产由2018年的485.5千克/亩提高到2020年的498.7千克/亩，养殖效益从亩产750元增加到1 625元。目前稻渔综合种养已成为黔东南州榕江县群众增收致富的重要途径之一，具体经验如下：

（一）注重模式创新

榕江县按照统一供苗、统一供料、统一管理、统一回收、统一销售和分户饲养的"五统一分"发展模式推进稻渔综合种养，2020年，榕江县实施面积10.1万亩，基本实现宜渔稻田全覆盖，其中"稻+鱼+鸭"0.2万亩，"稻+蛙"0.05万亩。覆盖农户5.38万户，其中贫困户3.1835万户。投放稻田鱼苗480.986吨。稻渔产量达3 210吨，稻渔产值达1.6亿元。

（二）注重技术革新

积极引进水稻及鱼类新品种进行试验，创新种养模式，加强田间管理等技术革新，加强与贵州大学、贵州农科院等科研院校合作，开展"坝区沟溜稻+鱼+鸭示范""稻+蛙示范"等试点，探索稻田养鱼高产、稳产的种养管理技术，推动榕江县稻渔综合种养持续健康发展和标准化生产水平迈上新台阶。由榕江县农业农村局等部门参与的"黔东南地方鲤改良稻鱼技术推广"获得2020年贵州省农业丰收奖三等奖。

（三）注重资金筹措

坚持奖补结合，采取"政府主导+合作社示范引导+市场化运作"方式，积极争取省级项目资金、贫困县"9+3"项目资金、省农科院示范资金、统筹整合县财政涉农资金以及合作社（企业）自筹资金，用于发展稻渔综合种养。2020年，榕江县整合各类稻渔综合种养资金1 450余万元，为榕江县生态渔业产业发展提供了资金保障。

（四）注重示范带动

按照"建基地、带农户、创品牌、稳增收"的思路，把创建示范基地作为推进稻渔综合种养发展的重要抓手，以坝区、高速公路沿线为重点，在交通便利、水源方便、适宜稻田养鱼的地方，大力推进以"稻+"等为主的示范基地。2020年，榕江县共建设稻田养鱼示范点5个，示范面积2 000余亩，带动全县稻田养鱼产业发展，并超额完成目标任务。

（五）注重效益活力

积极探索全产业链发展，优化合作社、农户在产业链、利益链中的份额，按照"一条鱼"一个产业的布局，结合酸汤鱼、侗乡腌鱼、烧鱼等传统饮食文化，提高生态渔业附加值和整体效益。2020年，榕江县巩固提升了寨蒿镇侗家风味食品有限公司"侗乡腌鱼"的线上线下发展模式和榕江"醉一方"稻鱼体验店，在水产品美食加工上寻求突破。目前"侗乡腌鱼"线上线下销售量达10吨左右，稻鱼体验店销售量达30吨左右。

（六）注重以产稳业

坚持乡镇统筹、合作社管理、村级实施模式，着力研究、引导、服务贫困劳动力到示范点或基地就业，加强技术培训，提高群众种养技术水平，为贫困劳动力务工提供全方位服务。2020年，榕江县累计53 800户农户通过开展稻渔综合种养得到就业，其中贫困户31 835户，有效解决了贫困户就业难题。

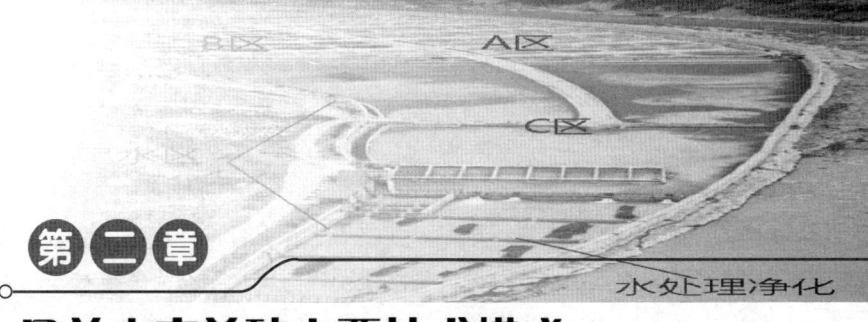

第二章
目前水产养殖主要技术模式

  为加强对农业技术推广工作的指导,推进建立科技人员直接到户、良种良法直接到田、技术要领直接到人的工作机制,引导广大农民选择优良品种和先进适用技术,发挥科技对粮食增产、农业增效、农民增收的支撑作用,逐步规范农业主导品种和主推技术推介发布工作,2005年3月1日,开始施行农业农村部印发的《农业主导品种和主推技术推介发布办法》。自2006年起,农业农村部每年向全国发布农业主推技术。

  党的十九大提出乡村振兴战略以来,农业农村部发布的涉及水产养殖的主推技术有南美白对虾大棚设施养殖技术、稻田综合种养技术、河蟹高效生态养殖技术、淡水工厂化循环水健康养殖技术、对虾工厂化循环水高效生态养殖技术、池塘"鱼-水生植物"生态循环技术、稻田绿色种养技术、淡水池塘养殖尾水生态化综合治理技术、淡水工厂化循环水健康养殖技术、漏斗形池塘循环水高效养殖技术、池塘鱼菜共生循环种养技术、稻田生态综合种养技术、池塘养殖水质调控与尾水生态治理技术、池塘工程化循环水养殖技术、鱼虾混养生态防控技术、海水池塘养殖尾水生态治理技术16项。

  随着科学技术更新,一些主推技术在前面的基础上进行完善和改进，第二年再次进行推广。如稻田生态综合种养技术、池塘鱼菜共生循环种养技术、池塘养殖水质调控与尾水生态治理技术等。下面主要介绍2021年农业部主推的7项淡水水产养殖技术[1]。

第一节 漏斗形池塘循环水高效养殖技术

一、技术概述

（一）技术基本情况

漏斗形池塘循环水高效养殖技术，是郑州市水产技术推广站、河南省水产技术推广站和河南省水产科学研究院的专业技术人员经过3年时间探索创新，总结出的一种新型集约化水产养殖模式。

该模式具有节能、节地、节水、简单、灵活、安全、高效、质优等优点，养鱼池塘的漏斗形设计，犹如给养殖的鱼类建造安装了一个"抽水马桶"，能及时收集移除鱼类的粪便，有效净化养殖水体，改善养殖鱼类的"福利待遇"，加快生长速度，提高产品品质，降低饵料系数。

该模式有效地改变了传统池塘养殖模式的不足之处，通过漏斗形底部的高效集污排污作用，快速地将粪便和残饵分离出养殖水体，经过发酵处理后用作肥料；养殖尾水通过生物净化再循环利用，实现了创造优美养殖环境、生产优质水产品、提高养殖效益的

---

[1] 农业农村部办公厅.《关于推介发布2021年农业主推技术的通知》.[2020-6-10].http://www.moa.gov.cn/nybgb/2021/202107/202111/t20211104_6381244.htm.

目的。

该技术模式的核心简称河南"168"模式，其中，"1"是1 000平方米以内的漏斗形鱼池；"6"是六大模块，即①养鱼设施设备，②尾水集排，③增氧曝气，④生态循环，⑤温控养殖，⑥智能管理；"8"是八大优点，即①生态理念引领，②节能高效智能，③产品质量优良，④提质降本增效，⑤组装配套灵活，⑥操作管理方便，⑦尾水集排科学，⑧养殖环境优美。该技术模式能很好解决水产养殖污染、鱼类疾病暴发、水产品质量安全隐患等渔业可持续发展的问题，促进水产养殖业绿色健康发展。

（二）技术示范推广情况

2018年河南省千户源农业科技园，利用"168"鱼池+莲藕池养殖草鱼，1 000平方米生产商品鱼18 160千克，饲料系数1.01，培育鱼种、养殖成鱼过程中水质良好，无鱼病发生，效果显著。2019年郑州龙祥水产养殖有限公司新乡基地、荥阳富发水产养殖合作社分别在加州鲈、罗非鱼、草鱼、丁桂等品种养殖，平均600平方米，分别达到7 500千克、34 000千克、21 000千克、17 000千克。2020年3月，郑州龙祥水产养殖有限公司又在中牟基地380亩土地再建39座"168"鱼池，进行了加州鲈、丁桂、草鱼、罗非鱼和锦鲤养殖，与莲藕池、稻田结合，形成了循环，实现了鱼、莲、稻三丰收。河南旭华农业有限公司建成3个"'168'鱼池+莲藕池+四池三坝"生态循环系统，养殖观赏鱼，水质好生态效果显著，锦鲤发病率和养殖风险明显下降，并取得了很好的经济效益。河南天下为公农业园，位于荥阳邙岭上建设"168"鱼池，与园区内果园、苗木配套，在作为灌溉用水前，进行水产养殖，实现了资源利用，效果显著。

至2020年底,该技术模式示范推广到广西、安徽、山东、山西、陕西、浙江等省份和河南省的17个地市和一个示范区,各地如雨后春笋般,处处开花,累计建设"168"池塘近5 000个,约500万平方米,年生产优质水产品2.5万吨。

2020年被河南省农业农村厅遴选为农业主推技术和全省农业10大绿色优质高效技术模式。

(三)提质增效情况

传统的池塘养殖中残饵和排泄物残留在水体和底泥中,日积月累导致养殖水体水质恶化,影响鱼类生长,易造成鱼病频发,大量用药,影响品质,且养殖尾水的排放对周边水环境会造成影响。漏斗形池塘循环水高效养殖技术只用传统养殖面积的20%养鱼,80%面积进行生态净化,部分作为净化水质外,其余种植莲藕、水稻、花卉、蔬菜,也可与果园结合,养鱼水环境改善、水产品品质明显提高的同时,节约了土地,水产产量是传统养殖单位面积的5—10倍。漏斗形池塘通过土基挖制表面铺设防渗膜,防止养殖水下渗,既节约用水又减轻对地下水的影响,经济效益、社会效益、生态效益显著。

漏斗形池塘养殖罗非鱼,每亩单产可达3万千克,产值48万元;养殖加州鲈和丁桂,每亩单产分别可达1万千克和1.5万千克,产值分别为26万元和30万元;养殖草鱼,每亩单产可达2.5万千克,产值可达30万元。

(四)技术获奖情况

2019年实用新型专利。发明专利正在申报待批。

二、技术要点

（一）养鱼设施设备

漏斗形池塘上口直径10—40米、池中间深3—5米，斜坡1—2米，坡比1∶0.5，池底坡度15—40度，面积1 000平方米以内为宜。如一个上口直径30米的漏斗形池塘：池塘表面圆形，剖面为漏斗状。池塘上表面高出现有地面1.5米。设计池深5米，水深4.5米。池塘四周边坡先以坡比1∶0.5向下1.5米，1.5米以下向池塘中心点水平成20度斜坡缓降。池塘底部中心点为最低处，距池塘上口垂直深5米。池塘底部中心点设置排污口，排污口内最低处下埋排污管道连接到池塘外的鱼粪分离装置。池塘底部斜坡平整，便于池底污物向中心点集中排出。所有边坡和池底表面先用土工布覆盖，土工布上面再铺设防渗膜，保证养殖用水不渗漏。

在漏斗形池塘一侧建设植物吸收池、生态净化池，面积是养鱼池塘的2倍左右，形状随地形任意改变。另一侧建设长度50米以上宽度5—10米生态沟渠、漏斗形沉淀池、发酵通道、长条形莲藕池、长方形稻田等，稻田远端设砂滤坝与生态净化池相接。设备配备增氧机、投饵机、循环泵、鱼粪分离装置（微滤机等）、罗茨风机、水泵、水质监控系统、发电机组等。

（二）尾水集排

漏斗形池塘设计深度3米以上，利用水车式增氧机推水，形成涡流便于粪便、残饵集中于鱼池中央的最深处排污口及排污管道内。循环水造成落差使粪便、残饵经底排污管道自动进入鱼粪分离装置，使粪—水分离并排出养殖水体。

排污口设计：排污口位于池底中央最低处。上方为边长1.48米的正方形，深0.6米，下方漏斗状，砖混结构，水泥砂浆抹面，与防渗膜连接处用混凝土压实。排污口上表面槽内加盖边长1.2米的正方形拦鱼栅，向上0.5米处紧贴池壁设第二层拦鱼网防止堵塞。排污口底部连接排污管道。

（三）增氧曝气

设计直径低于20米，一般采用罗茨风机增氧。设计直径大于20米的采用水车式增氧机增氧，养鱼池塘中保证1台水车式增氧机全天24小时开启，另外1—2台水车式增氧机由溶氧控制器自动控制，溶氧额定值设置在6mg/L。在生物净化池设置叶轮式增氧机、植物吸收池安装罗茨风机曝气，根据需要定时开关。

（四）生物净化

养殖尾水经过粪便、残饵分离装置分离粪—水，分离出的水经植物吸收池吸收水体富营养成分和生态净化池中的浮游动植物、鲢鳙鱼、虾蟹、底栖动物等形成的食物链净化水中杂质，最后由循环泵回抽到漏斗形池塘循环利用；含粪便的肥水经生态沟渠，进入莲藕池、稻田，经稻田利用砂滤后进入生物净化池，也回抽到漏斗形鱼池，达到零排放。固体粪便则通过发酵通道发酵生产粪肥，实现资源利用。

（五）温度控制

养鱼池直径可设计在30米以内，便于搭建穹顶式钢构塑料大棚保温养殖，若用常温水养殖每年可将生长期延长3—4个月，温泉水可做到全年养殖。夏季注入井水或覆盖遮阳网降温，避免高温影响可保持养殖品种最佳生长状态，夏季拉网前加注井水降温，减少高温季节拉网运输对鱼的应激。养殖锦鲤等观赏鱼可随时拉网挑选，及时去次留好。

（六）吊水销售

鱼长至商品鱼规格后，停止投喂饲料，逐渐加注井水，关掉循环泵，停止循环，保持增氧机正常运行，保持水质清新。通过吊水瘦身、去土腥味提高品质，一般分15天、30天、45天、60天不同瘦身时间，3—4个级别，经检测合格后上市销售，可显著提高效益。

三、适合区域

适合全国各地的水产养殖区域。

四、注意事项

（一）应具有较好的水、电、通信条件，要配备足够输出功率的备用发电机，保证增氧机正常运行。

（二）产量控制1 000平方米养鱼池塘产量控制在1.5万千克为宜，注意商品鱼最佳上市规格。

（三）配备具有一定技术能力的技术人员，关注生态循环系统的日常维护。

第二节 池塘鱼菜共生综合种养技术

一、技术概述

鱼菜共生综合种养技术是一种涉及鱼类与植物的营养生理、环境、理化等学科的生态型可持续发展农业新技术。水产养殖中，随着养殖鱼类的排泄物及残饵积累，水体的氨氮增加，造成水质变坏、鱼病频发。而在鱼菜共生系统中，水产养殖的水输送到蔬菜水培系统，由细菌将水中的氨氮分解成硝酸盐被植物作为营养吸收利用，有效改善水体水质。在鱼类养殖池塘种植蔬菜，将渔业和种植业有机结合，利用鱼类与蔬菜的共生互补进行池塘鱼菜生态系统内物质循环，让动物、植物、微生物三者之间的生态关系在生长中达到动态平衡。池塘鱼菜共生生态养殖兼具光合作用增氧；遮阴避暑；提高水产品质量；卖菜增收；减少水、电、药等成本投入；防盗；抑菌；景观工程等优势。

二、增产增效情况

与传统养殖模式相比，池塘鱼菜共生养殖模式亩产提高了10%左右，节约水电成本投入约30%，鱼药成本投入节约50%左右，病虫害显著减少，养殖鱼类品质得到一定程度的改善，综合生产效益可提高30%—80%。以重庆为例，2012年推广面积近4万亩，水产品亩产1 303.3千克，蔬菜亩产923.9千克，亩均收入16 616.3元，较项目实施前增加了36.6%，亩利润为4 889.2元，是项目实施前亩平利润的134.5%，其中蔬菜增收达到1 040.5元/亩。项目实施前后亩均投入方面，除了物价因素导致饲料、塘租等投入上涨外，全年节约水电投入57.6%、药物投入65%、人工费用投入20.6%，间接增加渔民收入583.5元/亩·年。广西、北京等地利用鱼菜共生技术，通过蔬菜增收、降低投入成本，直接经济效益也达到600元/亩·年以上。

三、技术要点

池塘养殖以池塘"一改五化"技术为核心,"一改"指改造池塘基础设施,"五化"包括水质环境洁净化、养殖品种良种化、饲料投喂精细化、病害防治无害化、生产管理现代化等。

(一)改造池塘基础设施

1.小塘改大塘:将不规范的成鱼养殖小塘并成大塘,池塘以长方形(长宽比约为2.5:1)、东西向为佳,面积10—20亩为宜。

2.浅塘改深塘:通过塘坎加高、清除淤泥实现池塘由浅变深,使成鱼塘水深保持2.0—2.5米之间,鱼种池水深在1.5米左右,鱼苗池水深在0.8—1.2米之间。

3.整修进排水系统:整修进排水、排洪沟渠等配套设施,要求每口鱼菜共生池塘能独立进排水,并安装防逃设施。

(二)水质环境洁净化

1.池塘水质的一般要求

悬浮物质:人为造成的悬浮物含量≤10mg/L。色、嗅、味:鱼、虾、贝、藻类等不得带有异色、异味。

漂浮物质:养殖水面无明显的油膜和浮沫。

pH:淡水pH6.5—8.5。

溶解氧:一天中16小时以上溶解氧必须保持>5mg/L,且任何时候都必须≥3mg/L,保持水质"活""嫩""爽"。

2.池塘水质调控

鱼菜共生调控:以水养鱼、以鱼长菜、以菜净水。适当增加滤食性鱼类和食腐屑性鱼类投放量,改善池塘的生态结构,实现生物修复。

微生物制剂调控：可使用光合细菌、芽孢杆菌、硝化细菌等有益细菌净水，保持养殖水体水质活、爽、嫩，透明度≥35厘米。

物理调控：按晴天中午开，阴天清晨开，连绵阴雨半夜开，傍晚不开，浮头早开；天气炎热开机时间长，天气凉爽开机时间短，半夜开机时间长，中午开机时间短，负荷面大开机时间长，负荷面小开机时间短等要求合理使用增氧机，有效实现增氧、搅水、曝气的作用。也可根据池塘水体蒸发量适当补充新水，有条件的地方可每半月加注1次新水。

适时适量使用环境保护剂：在养殖的中后期，根据池塘底质、水质情况每月使用1—2次环境保护剂。生石灰按20—30千克/亩施用；沸石粉按30—50千克/亩施用。

（三）养殖品种良种化主养品种

选择优质鱼类（如优质黄颡鱼、斑点叉尾鮰、鲫鱼、草鱼、团头鲂、翘嘴红鲌、泥鳅等）为主要养殖品种。

选择的主养品种须具备三个基本条件：一是具有市场销路；二是有稳定的人工繁殖鱼苗供应；三是适应池塘生态系统。

养殖模式：池塘80∶20养殖模式。

鱼种质量：各类鱼种质量可参照中华人民共和国国家质量监督检验检疫总局、中国国家标准化管理委员会颁布现行的各类鱼种质量鉴定标准执行。

鱼种规格：主养鱼类规格整齐，重量个体差异在"10%"以内，搭养鱼类个体大小一般不得大于主养鱼类个体大小。

（四）饲料投喂精细化

1.饲料的选择

饲料要求新鲜不变质、物理性状良好、营养成分稳定，有良好的稳定性和适口性；加工均匀度、原料的粒度符合饲料加工的质量要求。

2.饲料投喂量的确定

一般来说，日投饲量=鱼的平均重量×尾数×投饲率；全年投饲量=饲料系数×预计净产量。生产中，应结合养殖鱼类的生长速度、阶段营养需要量和配合饲料的质量水平确定每天饲料的实际投喂量。

（五）病害防治无害化

1.疾病的预防

在养殖的中后期，根据养殖池塘底质、水质情况每月使用1—2次环境保护剂。合理搭配主养品种套养品种，保持养殖水体正常微生物丛的生态平衡，有效预防传染性、暴发性疾病的流行。

2.切断传播途径

严格检疫：加强养殖鱼类流通环节的检疫及监督，防止水生动物疫病的流行与传播。

鱼种消毒：鱼种对入塘前消毒的药物目前主要有食盐、漂白粉、高锰酸钾、硫酸铜等。食盐使用浓度2%—4%，浸洗5—10分钟，主要防治白头白嘴病、烂鳃病、杀灭三代虫、指环虫等原生动物；漂白粉使用浓度为每立方米10—20克，浸洗10分钟左右，能防治各类细菌性疾病。

饵料消毒：水草用浓度为$6g/m^3$的漂白粉溶液浸泡20—30分钟，经清水冲净后投喂；陆生植物和鲜活动物性饵料直接用清水洗净后投喂。

工具消毒：网具用浓度为$10g/m^3$的硫酸铜溶液浸洗20分钟，晒干后再使用；木制工具用5%的漂白粉液消毒后，在清水中洗净再使用。

食场消毒：及时捞出残饵；每隔1—2周，每立方米水体用漂白粉1克或强氯精0.5克在食场水面泼洒消毒，也可在食场周围挂篓或挂袋消毒。

3.流行病季节的药物预防（3—9月）

体外预防：食场挂袋或挂篓；每隔半月，每立方米水体用生石灰30克全池遍洒消毒。体内预防：选用中草药（每100千克鱼用大黄30克、黄芩24克、黄檗16克、小苏打30克）粉碎后拌饲投喂。

4.增强鱼体抗病能力

选择体质健壮、抗病力强、规格整齐、来源清楚一致的养殖优良品种进行放养，严禁放养近亲繁殖和回交种类。投喂营养全面、新鲜、不含有毒成分，并通过精细加工，在水中稳定性好、适口性强的优质适口饲料。接种疫苗，增强鱼类免疫力。

5.严禁乱用药物

水产养殖用药的使用应当符合最新的《兽药管理条例》和《无公害食品渔药使用准则》（NY5071-2002）。

（六）生产管理现代化

1.了解当年鱼价走势，分析明年市场。

2.结合本地实情，设计出鱼计划。

3.放养优质鱼种，合理使用饲料。

4.落实生产计划，加强生产管理。

（七）蔬菜栽培技术路线

1.浮架制作工艺

（1）平面浮床

可用不同材料制作平面浮床，浮床上下两层各有疏、密两种聚乙烯网片，疏网用于控制蔬菜茎叶生长方向，密网用于隔断草食性类鱼，此种制作方法成功解决了草食性鱼类、杂食性鱼类与蔬菜共生的问题，适用于任何养鱼池塘。

A.表层疏网：用2—4厘米聚乙烯网片制作。

B.底层密网：用<0.5厘米聚乙烯网片制作。

C.PVC管框架：直径50—90毫米的竹子。

D.竹子框架：直径50—70毫米的竹子。

①PVC管浮床制作方法

通过PVC管制作浮床，管径和长短依据浮床的大小而定（综合考虑浮力、成本和床体牢固性，以75管为佳），用PVC管弯头和黏胶将其首尾相连，形成密闭、具有一定浮力的框架。

②竹子浮床制作方法

选用直径在5厘米以上的竹子，管径和长短依据浮床的大小而定，将竹管两端锯成槽状，相互上下卡在一起，首尾相连，用聚乙烯绳或其他不易锈蚀材料的绳索固定。浮床形状可根据池塘条件、材料大小、操作方便灵活而定。

两种材料制作浮床各有优势，通过比较两种材料制作浮床的成本可以看出，PVC材料浮床（4米×1米）约需65.8元/个，按使用年限平均每个浮床年投入约需16.5元/个，在就地取材、无须运输购买的情况下，竹子材料浮床（4米×1米）制作，约需30.3元/个，按使用年限平均每个浮床年投入约需10.1元/个，竹子浮床较PVC管材浮床节约6.4元/个·年，成本相对较低，但规范性、美观性、牢固性方面稍差，容易变形，且进水后竹子较重，管理较为麻烦。

表5 PVC管材、竹子单个浮床（4米×1米）制作成本对照表

管材	规格	价格（元）	数量（个）	胶水/铁丝（元）	弯头（个）	单价（元）	人工（元）	网片（元）	合计（元）	年投入（元）
PVC	75毫米×3.8米	16元	2.5	0.9	4	1.2	12.4	7.7	65.8	16.5
竹子	大竹子	就地取材	4	0.3	0	0	22.3	7.7	30.3	10.1

③其他材料浮床

凡是能浮在水面的、无毒的材料都可以用来制作浮床，如废旧轮胎、泡沫、塑料瓶等，可根据经济适用、取材方便的原则选择合适的浮床材料。

（2）立体式浮床

①拱形浮床

在PVC管浮床的基础上，在其长边和宽边的垂直方向分别留2个和1个以上中空接头，用PPR管或具有一定韧性的材料搭建成拱形的立体框架。

②三角形浮床

在PVC管浮床的基础上，在其长边和宽边的45度方向分别留2个和1个以上中空接头，用PVC管或具有一定硬度的材料搭建成三角形立体框架。

2.栽培蔬菜种类

选择栽培的蔬菜种类应选择根系发达、处理能力强的蔬菜瓜果植株，利用其发达的根系与庞大的吸收表面积，净化处理养殖用

水。本案例中用来开展鱼菜共生养殖主要品种为空心菜。

我国池塘养殖鱼类生长旺季主要在5—9月，水温多在22℃—30℃，鱼类生长迅速，机体新陈代谢旺盛，残饵和粪便经过一系列氨化分解反应转化为水体的氨氮，造成养殖水体富营养化。而通过植物的固氮作用，可以将水体中的氨氮转化为无毒硝酸盐和氮气，以达到净水的目的。空心菜根系分布浅，再生能力强，喜充足光照，对密植的适应性较强，喜欢在高温多湿的环境中生长，在25℃—30℃的适宜温度下蔓叶生长迅速，温度越高，生长越旺盛，采摘间隔时间越短。空心菜的生长旺季与鱼类同期，养殖池塘富营养化环境为其提供了优越的生长环境，而空心菜喜肥喜水、耐肥力强、对氮肥需求量大的特点，正好解决了夏季池塘水体富营养化，达到净水的目的，是池塘鱼菜共生理想种植品种。养殖户也可以根据生产和市场需要，选择其他蔬菜，一般夏季种植绿叶菜类有空心菜等，藤蔓类蔬菜有丝瓜、苦瓜等；冬季种植蔬菜有西洋菜、生菜等，既增加了收入，也降低了水质改善投入成本。

3.蔬菜栽培时间

4月下旬以后，水温高于15℃时，可开始种植空心菜、丝瓜、苦瓜等夏季蔬菜；10月下旬以后，温度15℃以上时，可开始种植西洋菜等秋季蔬菜。其他蔬菜种植品种根据生长季节和适宜生长温度栽种。本案例中重庆气候温暖，鱼池海拔大都低于500米，冬季不结冰，可实现全年种植不同种类的蔬菜。其他地区应根据水温条件灵活确定蔬菜种植的时间。

4.蔬菜种植比例

鱼菜共生就是通过种植蔬菜消耗水体中的氨氮而达到净水的目的，较肥的池塘适合开展水上蔬菜种植，水质越肥，蔬菜种植比例越高。可以通过水色、气味、底泥深度和养殖年限来确定养殖池塘是否适合种植蔬菜，一般精养池塘养殖周期3年以上，水色黄褐、褐绿、油绿、黄绿色的池塘水质较肥，适合开展蔬菜种植。一年之中，由于夏季池塘养殖鱼类生长迅速，代谢旺盛，每天消耗大量的饲料和产生较多的粪便，池塘水质较冬季肥，蔬菜种植比例可比冬季适当提高。

重庆市引育种中心池塘种植5%和10%两种不同比例的蔬菜试验结果表明，两个梯度试验中，池塘溶氧、氨氮、透明度等水质指标均有明显的改善，溶氧基本上≥5.4mg/L，透明度由15厘米增加到了30厘米以上，而两种梯度之间，10%梯度的试验塘在透明度、氨氮方面均较5%有明显改善。因此，蔬菜种植面积控制在养殖水面的5%—15%较为适宜，能起到较好的净水和生长作用，根据养殖池塘水体肥瘦程度可适当增减种植比例，但应控制在池塘面积的20%以内。不同肥瘦程度的池塘种植蔬菜面积参考比例详见下表。

表6 池塘种植鱼菜面积比例参考表

池塘类别	池塘年限	养殖单产（亩）	水体、底泥颜色	透明度	淤泥深度	参考种植比例	备注
普通池塘	3年以下	800kg以下	水色浅，清淡	50cm以上	10cm以下	0%—3%	
精养池塘	3年	800kg	水色茶色、茶褐色、黄绿色、棕绿色等	30cm以下	30cm以上	3%—5%	

续表

池塘类别	池塘年限	养殖单产（亩）	水体、底泥颜色	透明度	淤泥深度	参考种植比例	备注
精养池塘	5年	1 000kg	水色较浓，颜色黄褐色、褐绿色、深棕绿色，有腥臭味，底泥颜色黑	20cm以下	40cm以下	5%—10%	根据各个参考指标，可以在参考种植比例周围上下浮动，但种植比例最好在20%以内。
精养池塘	5年以上	1 000kg以上	水色浓，颜色发黑，铜绿色等，底泥颜色黑，有腥臭味	10cm以下	50cm以上	10%—15%	

5.蔬菜栽培技术

主要采用扦插栽培、营养钵移植和泥团移植三种方式栽种，通过营养钵移植和泥团移植的方法移植的蔬菜种苗成活率较扦插栽培方法要高。扦插栽培就是直接将蔬菜种苗按20—30厘米株距插入下层较密的网目固定即可。营养钵移植主要是将蔬菜种苗植入花草培育钵，将钵内置入泥土或塘泥，按20—30厘米株距放入浮床。泥团移植主要是指将蔬菜种苗植入塘泥制成的小泥团，按20—30厘米株距放入浮床，此方法最省时省力。

6.蔬菜收割技术方法

采摘空心菜，当其株高20—30厘米时就可采收，采收周期根据空心菜的生长期而定，一般半个月左右采收一次。其他蔬菜根据生长状况适时采收。每次采摘的时候应做好池塘编号、池塘面积、收获蔬菜面积以及产量、处理方式（销售或者投喂）、销售收入以及投入量等记录。

7.浮床清理及保存

在收获完蔬菜或者需要种植换季蔬菜时,应将浮床架体上以及上、下两层网片上的青苔等杂物清理掉,阴凉处晾干;若冬天未进行冬季蔬菜种植,应将浮床置于水中或者将其清理干净及加固处理后,堆放于阴凉处,避免让浮床在室外日晒雨淋。

8.捕捞

一般使用抬网捕捞,捕捞位置固定,栽培蔬菜的浮床对捕捞没有影响。若采用拉网式捕捞,可将浮床适当移动,也不影响捕捞。

(八)水上蔬菜对池塘水质影响分析

通过对比试验得出,鱼菜共生试验池塘的水质中总氮、总磷、亚硝酸盐、高锰酸钾指数等指标均较对照池塘有明显降低,而同一试验塘中距离蔬菜种植区域越近各个指标检测含量也越低,反之则高,充分说明了池塘开展蔬菜种植对池塘水质有重要的改善作用。

生产过程中,应本着操作方便和发挥共生蔬菜调控水质作用最大化的原则,按照带状对蔬菜浮架进行布局,间距3—5米,带状固定,可整体移动,根据需要灵活调控池塘内水体富营养化区域。

四、推广情况

该技术在重庆地区推广面积达到4万亩,在天津、广西、北京、云南等地也有一定面积的推广。

五、适宜区域

全国所有精养池塘，尤其是老旧池塘。

六、注意事项

（一）上下两层网片要绷紧，形成一定间距，控制蔬菜向上生长和避免倒伏。

（二）蔬菜种植品种应多样化。

（三）浮架应呈带状布局，可以整体移动，以便根据需要变换水域和采摘。

（四）及时收割蔬菜，避免蔬菜水中腐烂和影响后续生长。

（五）注意对水上蔬菜生产方式的宣传，实现卖菜增收。

（六）加强对水质变化的观察和监测，了解实施效果。

第三节 稻渔综合种养生产技术

稻渔综合种养指通过对稻田实施工程化改造，水稻与一种或多种渔产品共生产，构建稻-渔共生轮作互促系统，通过规模化开发、产业化经营、标准化生产、品牌化运作，能实现水稻稳产、渔产品产量增加、经济效益提高、农药化肥施用量显著减少，是一种具有稳粮、促渔、提质、增效、生态、环保等多种功能的生态循环农业发展模式。

一、稻–鲤鱼种养

稻–鲤鱼种养，在苗种投放前，首先要做好田间工程改造、大规格苗种培育等准备工作。根据当地环境条件、气候特征和生产计划选择适宜的经济作物，把冬春季闲置稻田利用好，在改善稻田生态环境的同时，提高综合效益。

（一）田间工程

1.进排水系统。新开挖的养鱼稻田，进水口与排水口一般设置在稻田的两对角相对，以保证整个稻田水流通畅，无流水死角，进排水口大小根据稻田进排水需求而定。对于旧的养鱼稻田应仔细进行检查，夯实进排水口，避免堵塞或漏水。

2.沟坑整修及田埂加固。新开挖的养鱼稻田，在插秧之前要开挖好鱼沟、鱼凼，沟坑占比不超过稻田面积的10%，并对田埂进行加固，同时可在坡边和田埂种植三叶草等植物护坡稳坡。对于旧的养鱼稻田则需要对鱼凼、鱼坑等进行整修。

3.建设防逃防害防病设施。在进排水口处安装拦鱼栅，防止鱼逃走和野杂鱼、敌害等进入养鱼稻田。有条件的地区可在田间安装诱虫灯和驱鸟设备。

（二）苗种暂养

选择水源条件好的田块筑埂蓄水，作为养殖苗种培育区，用来强化培育苗种。苗种培育至初夏，水稻插秧后，再将大规格苗种移至稻田中养殖。

1.改造苗种培育区。对条件合适的田块进行必要的改造，主要是对鱼沟和鱼凼进行加深，对田埂进行加高、加固，同时要调整进排水管高度，目的是确保苗种培育时有足够的蓄水量。

2.苗种选择及放养。从正规苗种场选购规格整齐、体表完整、活力好的优质苗种。根据鱼种的规格确定放养密度。

3.饵料投喂。正常情况下，按定时、定位、定质、定量投喂饵料，日投饵量为鱼体重量的2%—3%，遵循"三看"（看鱼、看水、看天）原则，并结合实际情况灵活调整投喂量；在鱼投喂不食、养殖水质恶化、天气闷热或天气骤变、气温过低时，要减少或暂停投饵。

4.日常管理。坚持每天早晚巡查，观察水色、水位变化和鱼的活动情况，及时加注新水。

（三）病害防治

1.疾病预防措施。疾病防治坚持预防为主的原则。鱼苗投放前，可用生石灰、漂白粉等对田块进行消毒。购买的苗种投放前，使用3%—5%的食盐或按说明使用高锰酸钾溶液等对苗种进行浸浴消毒。

2.科学合理用药。在苗种发生病害、水质恶化或水中有害生物大量生长时，应按照《渔用药物使用准则》（NY5071-2002）中的规定，科学合理地使用药物。

（四）苗种及投入品运输

1.苗种运输

苗种运输前一般需要停食12小时至24小时；运输过程中勿使用麻醉剂，同时保持溶氧充足；运输密度适宜，防止密度过大造成苗种之间相互挤压、摩擦，引起内伤或外伤等；运输过程中使用的器械均要进行消毒；注意观察鱼的活动情况，若有浮头、死亡等，需要及时换水；苗种放入稻田前要将运输水温与田间水温温差调节至2℃以内。

2.饲料等渔需物资运输

需注意防水防暴晒，春季雨水较多，夏季气温炎热，运输和保存过程均要注意饲料等渔需物资的发生劣变。

二、稻-小龙虾种养

在小龙虾苗种投放以后，要做好后期的养殖生产管理。

（一）苗种放养

1.选择良种。苗种要求体质健壮、健康无病、体表光洁、附肢齐全、规格整齐。应尽量避免选择多年自繁自育、近亲繁殖的苗种，优先选择繁养分离且冬季根据天气水温情况适当投饵保肥的苗种，有条件的应进行苗种检疫。

2.适时放种，密度合理。养殖早虾的宜在3月中旬前后投放苗种，养殖常规虾的可在3月下旬至4月下旬投放苗种。虾苗密度一般控制在6 000—8 000尾/亩。对于苗种自繁自育的稻田，虾苗太多的要及时出售或者分池养殖，虾苗较少的可以适当补充。

3.水质调控。水色一般以黄绿色或油青色为好，水体透明度以30—35厘米为佳。若水质老化，可在注入少量新水后，用生石灰兑水后全池均匀泼洒或使用有益微生物制剂及小球藻种及时调节水质。若水色清淡则应适时追肥。施肥要坚持"看水施肥、少量多次"的原则，以确保水质"肥、活、嫩、爽"。初春季节水中藻类繁殖比较慢，肥水相对困难，可在晴天中午施用发酵好的农家肥或生物有机肥。

4.饵料投喂。由于初春季节小龙虾体质较弱，可投喂一些优质配合饲料，并适当提高投喂频率，也可投喂诱食性好的蚯蚓、鱼肉等动物性饵料或高蛋白的豆浆。若受饲料缺乏的影响造成投喂受限或者小龙虾饥饿，可以使用粉碎的黄豆、小麦和麸皮等投喂，避免因营养缺乏影响小龙虾健康生长。饲料问题解决后应尽快补救，通过使用高品质配合饲料提高小龙虾生长速度。当春季气候急剧变化导致小龙虾产生应激反应时，可降低20%—50%的投喂量。

（二）病害防治

1.疾病预防措施。适时通过分塘转移、捕大留小等措施，减少小龙虾存塘量，降低养殖密度。操作过程中应注意避免小龙虾受伤或引起应激反应。及时加注新水，同时加强水体增氧，水中溶氧过低会产生氨氮、亚硝酸盐和硫化氢等有害物质造成水质恶化。要合理投喂优质饲料，提高小龙虾高免疫和抗应激能力。

2.科学合理用药。注意药物适用对象、用量和配伍禁忌。尽量选择刺激性较小的外用药物，减少小龙虾的应激反应。不使用非法药品，尤其是要慎重使用杀青苔类产品。

3.重要疫病防控。春季天气易变化、不稳定，易引发小龙虾的细菌性肠炎、纤毛虫病和白斑综合征。疫病防控要坚持"防重于治"，做到"早发现、早诊断、早处置"，做好病虾隔离工作，切断传播途径。

（三）苗种及投入品运输

1.苗种运输。对于运输时长在2小时内的短途运输，建议使用可透水的塑料框装虾，小龙虾堆叠的高度不宜超过15厘米，并在框内放置密眼无结节网片将虾体与塑料框隔开以减少擦伤，每半小时喷水一次保持虾体湿润。运输时长超过2小时的长途运输，在使用可透水的塑料框同时，小龙虾堆叠高度应控制在10厘米以内，喷水时应添加抗应激物质，有条件的应在小龙虾上下两层覆盖少量水草帮助保湿透气；气温过高时建议使用空调车运输。放养前要注意温度的变化，防止小龙虾放养时因体温与水温差距过大产生应激反应，造成大量损耗。

2.饲料等渔需物资运输。运输前做好投入品计划和运输安排，多预留出1—2周的使用期限进行采购。运输时，装车完毕后要防止烈日暴晒或天气突变。

三、稻-蟹种养

稻蟹综合种养分为稻田养殖扣蟹和稻田养殖成蟹两种模式，主要生产技术包括田间工程、扣蟹暂养和育秧等。

（一）田间工程

1.加固田埂。夯实养蟹稻田的田埂进行加固，田埂顶宽可根据土质情况设计为50—100厘米，田埂高50—80厘米，内坡比为1∶1。

2.建设防逃设施。在每个养殖单元四周的田埂上构筑防逃墙。防逃墙材料可采用尼龙薄膜，薄膜高出地面50—60厘米，每隔50—80厘米用竹竿作桩。进排水口设在稻田对角处，进、排水管高出埂面30厘米，将防逃网套住管口，防逃网网目尺寸以养殖蟹苗/扣蟹不能通过为宜，同时可以防止杂鱼等进入稻田，与蟹争食。

（二）扣蟹暂养

1.扣蟹暂养区改造。选择靠近养蟹稻田、水源条件好的冬闲稻田或预留一块稻田作为暂养区。暂养区沟坑深度要达到1.5米，并预先移栽水草。水草首选当地常见种类，并注意疏密搭配，水草移栽总面积约占暂养区三分之二。

2.扣蟹选择。选择体质健壮、附肢齐全、无病无伤、体色光泽、规格整齐的扣蟹，尤其要注意蟹足指尖有无损伤，其体表是否附着有寄生虫。

3.饵料投喂。当水温>8℃的时候,要适时投喂精饲料,增强扣蟹的体质。结合水温和扣蟹摄食情况,可按蟹体重的0.5%—3%确定饲料投喂量。

4.水质调控。可选择pH在7.8—8.5之间、盐度≤2‰的河水、井水或水库蓄水进行更换或加注,及时调节水质。注意换水的时间,确保暂养区的水温变化幅度不大。若使用井水调水,应注意充分曝气和提高水温。

5.日常管理。坚持每天早晚巡查,注意观察扣蟹摄食、活动、蜕壳及水质变化等情况,发现异常及时采取相应措施。

(三)病害防治

1.控制密度。北方地区冬季扣蟹需集中越冬,待春季气温回暖,再及时分塘,降低密度。水稻插秧后,应把暂养的扣蟹及时起捕投放到养殖稻田,避免气温回升后,暂养区内扣蟹密度过高诱发疾病。

2.增加水体溶氧。暂养区可根据实际需要配备增氧机、微孔增氧等设施,提高水体溶解氧含量。

3.合理投喂。根据暂养区扣蟹密度和吃食情况,适量投喂,既保证饵料充足,又要防止吃不完的饵料腐坏影响水质,也避免浪费。

(四)苗种及投入品运输

1.苗种运输。运输时应选择合适的天气,运输过程中要注意保持适宜温度,尤其是跨省份购买蟹种需要长途运输时,更要注意运输途中的温度,避免温差过大造成苗种损耗。

2.饲料等渔需物资运输。预留1—2周的使用期限进行采购。运输时注意消毒，必要时用84消毒液对饲料和肥料的外包装、渔用机械、网具和运输车辆进行消毒，用75%酒精对特殊动保产品外包装进行抹擦清洁消毒。

四、稻-鳅种养

稻-鳅种养要做好田间工程和存塘泥鳅暂养管理。

（一）田间工程

1.稻田选择。选择的稻田应水源充足、进排水方便、不受旱涝影响。稻田土质肥沃，以黏土和壤土为好，田块底层的保水性能好，淤泥层腐殖质丰富。水质清新无污染。

2.稻田改造。一般采用"边沟+鱼坑"形式，稻田中间可开挖"十"字沟。进排水口设置在稻田的斜对角，并在进、排水口安装拦鱼栅，做好防逃措施。沟坑的开挖主要根据放养泥鳅的规格、数量以及预期产量而定，要做到暂养沟、环沟、田间沟沟沟相通，"三沟"面积以占种养总面积的5%左右为宜。做好防逃工作是稻田养鳅成功的关键之一，除进排水口的防逃设施外，应在埂基四周埋设20—25目的聚乙烯防逃网片，埋入土下15—20厘米，预防泥鳅钻洞逃逸。

（二）存塘泥鳅暂养

1.调控水质。春季天气不稳定，水温变化频率较高，水质调控非常关键。随着天气渐暖，气温回升，要注意控制水位，保持田面水位30—40厘米，环沟水位130—140厘米。及时施肥，可选择晴天上午施肥，做到少施、匀施、勤施；不在阴天、雨天施肥。有机肥料必须充分发酵和消毒，一般每亩可施发酵充分的有机肥30—50千克。

2.控制密度。暂养的泥鳅养殖密度不超过2万尾/亩。可根据市场行情，不断捕捞出售，尽量降低存塘泥鳅养殖密度。

3.投喂饲料。要坚持"四定"原则，每天2次，早上9时和下午5时左右各一次，饲料投在环沟中设置的食台上。具体投喂量结合天气、温度、水质和泥鳅活动情况适时调整。配合饲料日投饲量以泥鳅总体重的1.5%—3.5%为宜，可把日饵量的40%放在上午投喂，下午则投喂日饵量的60%。

4.日常管理。巡田时注意泥鳅的活动、摄食等情况。泥鳅养殖密度大，发现病死泥鳅要及时捞取，集中处理，防止其腐烂影响稻田水质，传染病害；观察防逃网外有无泥鳅外逃，及时检查、修复防逃设施；根据剩饵情况调整投饵量。

（三）病害防治

1.疾病预防措施。尽量降低存塘泥鳅密度，如果稻田水质条件不好，又没有增氧设备，密度应控制在0.5万尾/亩以下。配备有增氧设备的稻田，应及时开启增氧机，每天开机时间4小时以上。合理投喂饲料，投饵1小时后及时观察泥鳅摄食情况，如饲料有剩余，应及时调减饲料投喂量，防止未吃完的饲料腐烂变质影响水质。

2.科学合理用药。稻田养殖泥鳅一般较少发生病害，需坚持预防为主的原则。春季是病害易发季节。可15天左右对稻田水体进行一次消毒，或在饲料中拌喂微生态制剂，增强泥鳅抗病能力。

3.防范鸟类敌害。泥鳅是许多鸟类的捕食对象，稻田水浅，泥鳅易被捕食，若鸟类数量较大，可将稻田浅水区域的泥鳅捕食殆尽，造成严重经济损失，可在稻田中布置驱鸟设施设备防范鸟类敌害。

（四）投入品及养殖成品运输

1.苗种运输。插秧前后应及时采购苗种，提倡使用泥鳅专用箱带水运输，每只箱子存放泥鳅苗种10千克，加水8—10千克，使泥鳅应激反应降到最低。需长途运输的苗种应经过停食锻炼后再运输，过程中保持水温稳定，溶氧充足。

2.饲料等渔需物资运输。提前订好饲料购买及运输计划，饲料注意防水、防湿。可选用84消毒液对饲料的外包装、渔用机械、网具和运输车辆进行喷雾消毒。

五、稻-鳖种养

稻鳖综合种养包括稻鳖共作和稻鳖轮作两种模式，以稻鳖共作为主。主要生产技术是做好田间工程，存塘中华鳖的养殖管理，以及鳖种放养。

（一）田间工程

1.已开展稻鳖共生的田块修整。仔细检查田块周边，对田埂进行修补和加固。检查沟坑底部保水情况，有无漏水现象，检查进排水设施和防逃设施是否有漏水、堵塞、损坏等情况，及时修补。

2.新开展稻鳖共生的田块修建。开挖环沟或鳖坑（沟坑占比不超过稻田面积的10%）。沿田埂内侧50—60厘米处开挖环沟，深1—1.5米，宽3—5米。鳖坑位置紧靠进水口的田角处或一侧，呈矩形状，深度1—1.2米，鳖坑四周用密网或PVC塑料设置围栏，围栏向坑内侧稍倾斜。坑埂应加固，并高出稻田平面10—20厘米。将环沟外侧围栏作防逃设施，可砌砖墙或选用铝塑板、彩钢板等材质制作，围栏高出埂面50—60厘米，竖直埋入土中15—20厘米，四角处围成弧形。

（二）存塘中华鳖养殖管理

1.水质调控。随着气温回暖，当水温回升至20℃左右时，多数中华鳖结束冬眠开始苏醒，应及时换水消毒。

2.饵料投喂。刚越冬苏醒的中华鳖，投喂饲料重在恢复体质。水温维持在22℃以上时，投喂蛋白质含量≥45%的中华鳖人工配合饲料或营养丰富、易于消化吸收的新鲜动物性饵料。可在每千克饵料中加入复合维生素2克或适宜的免疫增强剂，以提高中华鳖机体抗病能力。减少饲料投喂量和投喂次数，待气温基本稳定和中华鳖的身体机能恢复到正常状态，再按正常的投喂量和喂养方式进行喂养。

3.日常管理。应每天定时巡查两次以上，观察中华鳖的活动情况，及时观测池水温度及水位变化，保持沟坑水深1.3—1.5米。

（三）苗种放养

1.苗种选择。可选择国家审定的中华鳖新品种或受市场欢迎、适合本地区养殖、生长较快、抗病力强的中华鳖优良品种。

2.苗种放养。长江流域双季稻田苗种放养时间一般在4月中下旬到5月上中旬，单季稻田则一般在5月中旬开始放养。苗种放养时如果水稻还未插秧或返青，可先放入沟坑暂养，之后再移至稻田。在中华鳖投放前10—15天，按沟坑面积每亩用100千克生石灰化水趁热泼洒，也可用1%的聚维酮碘溶液或每立方米水体用0.3mg强氯精替代消毒。投放中华鳖苗种前先用浓度15—20mg/L的高锰酸钾溶液浸浴15分钟。

3.饵料投喂。天然饵料一般满足不了养殖鳖的生长需求，需投喂人工配合饲料。水温<22℃时可不投喂饲料，水温达到并稳定在28℃至35℃时，要加大投喂量。日投喂量占体重的2%—3%，可适当加大小规格鳖种的饲料投喂量。日投喂两次，早晚各一次。

4.日常管理。参照存塘中华鳖日常管理,预防刚放养中华鳖逃跑,在遇到天气闷热或下雨时,需更加注意防逃。

(四)病害防治

日常管理中必须树立"防重于治"的意识,春季天气不稳定,要随时关注天气和水质变化。此外,刚苏醒的中华鳖体质较弱,极易被病原菌侵染,从而导致引发氨中毒症、腐皮病、水霉病、暴发性出血症等。坚持巡查,做到"早发现、早诊断、早处置",对病鳖要做好隔离工作,切断疾病传播途径,从根本上解决病害流行,避免造成不必要的经济损失。

六、稻-螺种养

稻螺综合种养主要分布于广西等地区,种螺、幼螺一般于水稻秧苗分蘖后入田,要做好田间工程等前期准备工作。

(一)田间工程

1.加固田基。夯实加固田基,高50厘米、宽30—50厘米,可蓄水深30—50厘米。

2.建设防逃设施。进水管、排水管均用直径110毫米并带弯头的PVC塑料管,进水口处用50目(直径0.3毫米)、直径30厘米、长100厘米的尼龙筛绢网兜过滤,排水口处用20目(直径0.85毫米)镀锌钢丝网栅栏防逃。

(二)种螺、幼螺放养

1.选择良种。选择湖泊、池塘、稻田等天然水域或田螺良种场生产出来的具有明显生长优势的健康个体。要求螺体壳厚体圆、壳面完整无破损。

2.适时放种。水稻秧苗结束分蘖后,稻田注水至水深10厘米左右，可开始投放种螺、幼螺入田。主养田螺的稻田，每亩放养个体规格1.25—2.50克的幼螺3万—6万只，或投放个体规格≥15克的种螺150千克、数量0.6万—1万只；套养田螺的稻田，每亩放养个体规格1.25—2.50克幼螺1万—2万只，或投放个体规格≥15克的种螺50千克、数量2 000—3 500只。雌雄配比4∶1左右，同批一次性放足。如有上年留存有种螺，按留存数量适当补充种螺。

3.水质调控。水温上升至15℃后，田螺摄食活动逐渐增强，需要适当补充新水维持溶解氧在3.5 mg/L以上，每天的换水量为稻田水深的四分之一至二分之一。30天左右施肥1次，每亩稻田施用25—50千克的秸秆发酵饲料或秸秆堆沤肥。

4.饵料投喂。田螺属杂食性动物，正常情况下，发酵饲料、配合颗粒饲料、米糠、玉米、切碎的新鲜菜叶、豆粕、菜饼、鱼虾、蚯蚓等，以及有机肥、农家肥及稻田中的稻花、杂草、浮游生物等均可作为饵料。投饲点可设多个，日投饲量按田螺总重的1%—3%计算为宜，2—3天投喂1次，并根据田螺的生长和实际摄食情况适时调整投喂量。如遇水温低于15℃或高于30℃及阴雨天等特殊情况则不需投喂。

5.日常管理。每天坚持巡查，观察水质、水位、田螺生长与摄食等情况，检查防逃栅有无破损及筛绢网兜是否堵塞，及时发现问题即时处理。台风、暴雨、大雨等天气来临前，应疏通排水渠道，封堵进水口、打开排水口，并检修防逃栅栏及筛绢网兜。

（三）防控敌害

1.防控水禽及蛇、鼠害。田块四周用镀锌钢丝、尼龙网等设置防护网，网目2.0厘米，网片总高90厘米，地上高80厘米，地下埋10厘米深，每间隔1.5米打桩基固定。

2.防控福寿螺。沿田基四周巡田时用小抄网将福寿螺捞出并集中处理。

3.防控野杂鱼。每亩稻田可放养10—15尾规格在5—10厘米之间的翘嘴红鲌,控制野杂鱼。

4.防控缺钙症。可每15—20天施用1次生石灰,泼洒量为每亩稻田15千克;每隔15—20天在发酵饲料中拌喂有机钙,每公斤饲料中添加100mg有机钙,连喂3天。

5.防治青苔。每亩稻田施放0.5—1千克腐殖酸钠,或每亩稻田中放养10—15厘米的鲮鱼15—20尾。

(四)种螺、幼螺运输

放养的种螺和幼螺若需跨地区运输时,包装容器必须紧固,保证洁净、无毒、无污染,且具有较好的排水条件和通风条件,螺体堆积高度不宜超过30厘米。运输过程中应防晒、保湿、防挤压,用水质量应符合《渔业水质标准》(GB11607-1989)中的规定。

七、稻–青虾种养

稻青虾综合种养主要是单季共作和一季稻两茬虾模式。对于后者,多数在2月左右即放养第一茬虾。

(一)田间工程

1.对于修整已开展稻青虾共作的田块。需仔细检查田块周边,修补、加固田埂;检查沟坑底部保水效果,观察有无漏水现象,及时检修进排水系统、防逃设施及增氧设备等。

2.修建新开展稻青虾共作的田块。加固加高四周田埂,使之不漏水。沿田埂内侧50—60厘米处开挖深1—1.5米、宽2—2.5米的环沟(占比不超过稻田面积的10%),沟内需配微孔增氧设备。在主干道进入田块的一边留出宽3—5米的农机作业通道。

（二）苗种放养

1.苗种选择。选择肢体完整、个体强壮、行动敏捷、健康无病的种虾，也可选择国家审定新品种或适合本地区养殖的优良品种。

2.苗种放养。一季稻两茬虾模式，2月左右放养第一茬虾，密度以规格为1 000尾/千克的虾种10千克为宜，8月放养第二茬虾，密度为规格2厘米左右虾苗3万—5万尾。单季共作模式的放养时间为6月下旬至7月初。放养宜在晴天的上午进行，应将虾苗均匀投放在四周环沟内。投放在同一虾塘的虾苗规格要均匀，且一次性放足；虾苗入塘时将虾苗缓慢放在增氧机下方水面，让其自然游散，均匀分布。

3.水质调控。水质过于清瘦容易滋生青苔，导致青虾头部乃至全身生长青苔破坏其品相进而影响销售；可在每667立方米水体使用250—400克硫酸铜预防青苔滋生。应使用合格的生物有机肥或腐植酸钠肥水，水体透明度保持在30—40厘米；若水体内枝角类和桡足类丰富，则需要先杀虫，再肥水。3—4月，可在养虾环沟内种植苦草、轮叶黑藻等，种植面积占环沟总面积的20%—30%。

4.饵料投喂。水温上升到8℃以上，适当投喂饲料，投喂量为青虾总重的3%左右，可根据青虾实际吃食情况作适当调整，每周投喂2—3次。

5.日常管理。每天坚持早晚巡塘。主要检查青虾摄食状况，适时调整投饲量；观察水质变化，及时调节水质；发现病害并及时对症治疗。

（三）病害防控

春季天气变化不定，需密切关注温度和水质变化。尤其要注意阴雨天早晚水体溶氧含量较低，青虾容易染病。病害防控应坚持"以防为主、防治结合"的原则，可用碘制剂、二氧化氯、高铁酸钾、过硫酸氢钾等消毒剂或氧化剂对水体进行消毒，防止细菌滋生繁衍，预防青虾染病。

第四节 池塘养殖水质调控与尾水生态治理技术

我国现行的《渔业水质标准》（GB11607-1989）对养殖用水水质有明确的要求，首先从色、臭、味上有规定，不得使鱼、虾、贝、藻带有异色、异臭、异味；漂浮物质方面，规定水面不得出现明显的油膜和浮沫；悬浮物增加量不得超过10，悬浮物沉积底部不得对鱼虾蟹产生有害影响；淡水pH6.5—8.5，海水pH7.0—8.5；连续24小时，其中16小时溶解氧必须大于5mg/L，其余任何时间不得低于3mg/L；非离子氨小于0.02mg/L，硫化物含量<0.2mg/L，其他重金属和各种有机物也都有严格的指标规定。用不合格的养殖用水开展渔业养殖会引发养殖产品疾病，导致养殖产品质量和产量下降，甚至引起养殖产品大面积死亡，造成经济损失；重要的是，水质不合格还会产生食品安全隐患。此外，养殖尾水如得处理不当，不仅会恶化养殖水域环境，而且会破坏周围生态环境。因此，将水调控好是非常重要的。

一、技术概述

池塘养殖模式下，养殖水体不仅是养殖对象的生活场所，也是粪便残饵的分解容器，又是浮游生物的培育池，这种"三池合一"的养殖方式，容易造成水中有机物质和有毒物质大量富积，严重影响了养殖对象的生长和生存。因此，通过水质调控保持养殖水环境的生态平衡，是池塘养殖优质、高效的关键技术。2020年全国淡水池塘养殖面积2625.40千公顷，产量2279.76万吨，占淡水养殖总产量的73.8%。新时期，我国淡水养殖池塘面临的环境污染和品质安全双重压力不断加大。所以，在划定的养殖区、限养区内建设尾水处理系统，实现尾水达标排放或者区域内循环使用，以尾水治理推动渔业转型升级势在必行。

水质是指水体的物理（如色度、浊度、臭味等）、化学（无机物和有机物的含量）和生物（细菌、微生物、浮游生物、底栖生物）的特性及其组成的状况。常见的水质问题有理化指标（pH、溶解氧、氨氮、亚硝酸盐、硫化氢等）异常，水色异常，透明度低或者高、水浑、有油膜、有害藻。悬浮物是造成水混浊的主要原因。保证水质指标正常和水色正常是养殖动物正常生长的必要条件。

（一）水色的组成

水色主要是由水中溶解物质、悬浮颗粒及浮游生物的存在形成。溶解物质是直径小于或等于6—10毫米的微小颗粒，主要是溶于水中的以低分子存在的溶解盐类的各种离子和气体，主要决定水体的盐度硬度等物理指标。悬浮颗粒是指悬浮在水中的固体物质，包括不溶于水中的有机物、无机物及泥沙、黏土、微生物等。水中悬浮物含量是衡量水污染程度的指标之一。浮游生物泛指生活于水中而缺乏有效移动能力的漂流生物，其中有浮游植物、浮游动物。

二、正常指标的管理

（一）pH检测与管理

检测工具：试纸、试剂盒比色法。

酸性水体产生原因是酸性土质、酸雨、有机质的分解。酸性环境中藻类、浮游动物等生物量很少，鱼摄食偏少。当水体pH<6时，养殖品种容易酸中毒。养殖品种体色明显发白，水体透明度明显降低，有许多死藻。其管理措施是用生石灰浆全塘泼洒调节，10—15千克/亩（调高一个pH，1米水深15千克生石灰）。pH6—7是正常范围，稍偏低，可定期少量泼洒生石灰。pH7—9是适宜的范围，不需要处理。碱性水体产生原因是养殖中后期投料量多、盐碱地。水体pH>9时，养殖品种容易碱中毒，受刺激狂游，鳃丝腐烂，水体有许多死藻，应立即用有机酸调节（500毫升/亩）；也可以加注新水，调节pH。pH<6.5时，水体中鱼类对传染性鱼病特别敏感，即使水中不缺氧也会呼吸困难，且鱼体对饲料的消化率低，生长缓慢。pH过高时，离子氨转变为分子氨，水体毒性增大，呈强碱性，腐蚀鱼类的鳃组织，造成呼吸障碍，严重时使鱼窒息。强碱性的水体还影响微生物对有机物的降解。

pH在6—9之间是适宜范围，当pH<6时生长缓慢，pH在4—5时不繁殖，在pH<4时酸性致死，当pH>9时生长缓慢，当pH>11时碱性致死。

（二）溶解氧的测定与管理

检测工具：便携式溶解氧测定仪、溶解氧试剂盒。

溶解氧的管理措施：溶解氧≤2mg/L时，鱼类严重缺氧浮头，如不立即采取增氧措施会导致泛塘。其处理措施是立即开增氧机，同时加注新水；全池泼洒化学增氧药物；保持适宜的水深，以免影响上下水层对流；快速补藻种和定向肥。溶解氧在2—4mg/L时，鱼类缺氧浮头，影响鱼类活动与生长。其处理措施是立即开增氧机，同时加注新水；全池泼洒过氧化钙等化学增氧剂；快速补藻种和定向肥。溶解氧在4—5mg/L时，饵料系数上升，免疫力下降，养殖效益降低，易引起鱼病的暴发与流行。应采取的处理措施是合理使用增氧机，晴天中午开机搅水使鱼塘上下水层对流交换；培养有益藻，硅藻和绿藻。溶解氧在5—12mg/L时，水中溶解氧充足，有利于鱼类的摄食与生长。其处理措施为合理使用增氧机，中午开机搅水，促生长，使水体交换，避免形成氧债；根据指标维护池塘藻、菌、肥平衡。

（三）氨氮的检测与管理

检测工具：氨氮快速分析盒

养殖水体氨氮管理：当氨氮指标<0.2mg/L时，水质良好，符合渔业水质标准，不需处理。氨氮指标在0.2—0.5 mg/L时，对鱼有轻微影响。其处理措施是加注新水，定期排出部分老水；微生物制剂改善，培藻；菌分解吸收。当氨氮指标大于0.5mg/L时，表明水质恶化，会造成鱼类食欲减退，抗病力下降，可能导致养殖动物氨中毒。其处理措施是及时加注新水，防止中毒加重；培藻吸收并增氧改善；合理投料、用菌、用肥，每年清塘；合理使用增氧机，发挥增氧机搅水、曝气功能，使上下水层对流。

（四）亚硝酸盐的检测与管理

检测工具：亚硝酸盐氮快速分析盒。

养殖水体中亚硝酸盐氮的调控：当亚硝酸盐含量<0.05mg/L时，适应鱼类摄食生长，不需处理。当在亚硝酸盐含量0.05—0.1mg/L时，符合渔业水质标准，可采取预防措施是培藻，改善水质管理。当亚硝酸盐含量在0.1—0.5mg/L时会造成养殖动物慢性中毒，表现为摄食量下降，呼吸困难，游动缓慢。处理措施有培藻和培菌；每亩泼洒食盐4—8斤；开增氧机，氧化亚硝酸盐。亚硝酸盐含量>0.5mg/L时，中毒症状继续增加，导致鱼虾缺氧，游泳无力，甚至死亡。急救措施是加注新水同时增氧，全塘泼洒增氧剂，可培藻进行长期改善。

（五）硫化氢的检测与管理

检测工具：硫化氢快速分析盒。

养殖水体中硫化氢管理：硫化氢含量<0.1mg/L时，符合渔业水质标准，表明硫化氢含量较低，不需处理；在0.1—0.2mg/L时，对鱼有轻微影响，可通过开增氧机增氧、加速底质还原物的氧化等措施调控；培养藻类或用过氧化钙粉改善池塘生态环境；硫化氢含量>0.2mg/L时，水质恶化、发黑、发臭，可引起硫化氢中毒，导致鱼类死亡。调控措施主要是向水体中施氧化铁剂，过氧化氢等氧化剂；换水，同时开动增氧机；彻底清塘，清除池塘底部杂物及多余的淤泥；培养藻类长期改善。

（六）透明度检测与管理

检测工具：透明度盘。

鱼塘透明度通常控制在30厘米。养殖前期控制在25—30厘米，养殖后期通过换水改善控制在30—40厘米。当透明度≤20厘米时，水体过肥，需要增加透明度。调控措施是加注新水；用菌控制藻类；使用水质改良剂。当透明度在30厘米时，水体肥度适中，不需调控。透明度≥40厘米时，水体太瘦，需要降低透明度，调控措施是补藻种和定向肥。不同的藻透明度不同，绿藻的透明度在30厘米，硅藻的透明度通常在50厘米。

三、水质中常出现的问题

（一）水质清瘦，易出现青苔

春季时水瘦，容易出现青苔。治理青苔，首先要改变水体营养结构，用藻平衡素控制青苔，让青苔萎缩；其次是定向培养硅藻、绿藻等有益藻，培养硅藻时用硅藻藻种+硅藻定向肥，培养小球藻时用小球藻藻种+绿藻定向肥。

（二）水浑的问题

水浑的原因及采取措施：

1.自然气候：下雨造成的水浑，应采取自然下沉。

2.水体环境：由藻相、野杂鱼、虫、缺水草等原因造成水浑，要进行处理控制虫子，浮游动物的控制要采用灯光诱捕法控制，同时定向培养有益藻（硅藻、绿藻）。

3.养殖品种：放养密度高，争夺食物，环境突变，应激等造成的水浑，要控制养殖品种的密度。

4.有机质多，有油膜：表明水质已经恶化，底部恶化产生大量有毒物质；浮游生物死亡，藻类的大量死亡，在下风口水面形成一层油膜；投喂冰鲜野杂鱼、劣质饲料，形成残饵等物质漂浮在水面上；水草腐烂、霉变产生的烂叶、烂根；垃圾等漂浮在水面中，与水中悬浮物构成一道混合膜。其解决方案是用复合菌+光合细菌分解死亡的藻类和有机质；补充有益藻种；养底维护底部（生物养底长期应用）。

5.蓝藻暴发：水流缓慢的静水体或碱性水体中，水体缺乏管理，氮磷比失衡，易造成暴发蓝藻；淡水蓝藻很多，大部分微囊藻、鱼腥藻、颤藻、席藻等作为优势种。蓝藻有较强的光捕获能力，喜欢强光高温；体内具有伪空泡调节在水中的位置，以便在水域中捕获丰富的营养和光照。处理措施：春天时从源头上抑制蓝藻，定向培养有益藻（硅绿藻）。如果已经大量暴发，要改变营养结构，不让蓝藻有营养吸收，之后定向培养有益藻。

四、养殖水体调控管理

水体调控管理是人为地通过物理、化学、生物等方法改变养殖环境（水质），使养殖环境更易于养殖动物生长。管理好指标和水色很重要，在了解原有水环境状况基础上，按养殖对象适宜的温度、酸碱度、盐度、营养盐等水质指标、化学成分等给予相应的调控。水质调控主要是物理性状的调控（水色和透明度调控、水流调控）。水色是从视觉角度凭经验判断水质质量的一种依据，是直接反映水体质量的最明显的特征，掌握水色的观察是水产养殖从业者的基本要求，通过"看、摸、尝、闻、测、查"等方式判断水质情况。水流可增加溶氧，造就自然生态环境，利于水中物质循环，应利用流动水养殖。

（一）物理性状的调控

水色与透明度：养殖用水不宜透彻见底，透明度通常应为25—45厘米。水色和透明度主要决定于藻类和其他悬浮物质的多少。当池塘中单细胞藻类等浮游生物大量繁殖时，水色很浓，透明度低。但当塘底的水草或丝状藻生长较多，消耗了水中的营养，使水质贫瘦时，水质变清，透明度很高。

单细胞藻种类很多，不同的藻类呈现不同色泽：水体呈草绿色时，以绿藻为优势种；水体呈茶色时，以硅藻为优势种；水体呈黄绿色时，绿藻和硅藻混合生长；水体呈暗绿色时，以蓝藻为主；水体呈深褐色时，由甲藻、隐藻组成。倡导定向培养有益藻（硅藻、绿藻）控制有害藻。

（二）化学调控

pH：开挖池塘时，尽可能选择较优良的土质；当水体呈酸性时，可泼洒石灰水等措施提高pH；当水体呈碱性时，可泼洒醋酸弱酸等措施降低pH；酸碱性的调控需定时间，调控后应反复检查；调整pH后的养殖用水在放入生物之前需做检查，如pH<9.4可放虾苗，pH<9.8不会引起死苗，pH>10易死苗，不可投放鱼苗。

离子主要有钙离子、镁离子、钠离子、钾离子。淡水中主要是钙离子，海水中主要钠离子。硬度是指单位水体中所含2价和2价以上的金属离子的总量。这些离子主要是钙离子、镁离子、铁离子、铝离子、锰离子等。暂时硬度主要以钙、镁以酸式碳酸盐形式存在，遇热即形成碳酸盐沉淀而被除去。永久硬度以硫酸盐、硝酸盐和氯化物等形式存在的部分总硬度在养殖过程中，扮演着非常重要的角色，如果总硬度偏低，养殖动物会出现生长不良、骨骼发育不良、蜕皮（脱壳）后成活率低等现象，水体会出现水体不稳定、缓冲能力差、水生植物繁殖生长受到限制等。硬度（mg/L $CaCO_3$）影响：≤50mg/L $CaCO_3$池塘生产力低下；50—100mg/L $CaCO_3$池塘生产力高；100—250mg/L $CaCO_3$生产力通常最高。养殖动物对低硬度的耐受能力较弱，在淡水养殖中提高总硬度的方法主要是施放生石灰。在鱼池每次清淤时，每公顷施用生石灰1 000—1 500千克，既可杀灭病原体、寄生虫类对鱼虾有害的生物，也能改善池水硬度。

在养殖过程中，每一个月左右再以每公顷施300千克的标准施放一次，即可使池水硬度稳定在100—200mg/L CaCO$_3$的水平。对缓冲能力低的池塘，在阳光充足的夏天，也可使用适量的氯化钙，因为氯化钙水解后，会中和因光合作用较强引起的酸碱度波动，同时也可提高池水的缓冲能力。要注意的是原来池水硬度就大的情况下，施用生石灰应慎重。施用过量，会降低有效磷的浓度，影响植物的生长，另外有机物含量偏低的池塘，生石灰用量多会降低水体肥力。

碱度是指水中所含能与强酸发生中和反应全部物质的总量。水中总碱度是指在20℃时，1L天然水中全部碱性物质被中和所需要的氢离子的物质的量，通常用Alk表示。水产人经常测定的就是总碱度。总碱度由三部分组成：第一部分是碳酸盐、碳酸氢盐；第二部分是硼酸盐；第三部分是氢氧化盐。所以说总碱度是由强碱和强碱弱酸盐组成。

淡水的总碱度通常是碳酸氢根和碳酸根含量较高，氢氧化物的碱度较少，硼酸很少，因此淡水的总碱度通常是碳酸根+碳酸氢根的碱度。适宜的碱度范围是淡水1.5—3.5mmol/L，生产力随着碱度的增加而增加。有人调查：总碱度大于50mg/L（≥2 mmol/L）的钙质水，绝大多数高产，总碱度小于10mg/L（≤0.2mmol/L）时，很少有高产。

五、水体总碱度对水产养殖的意义

稳定水体理化指标，可减少水生动物应激反应。水的酸碱度稳定，则水中营养盐可利用性高，有利于浮游植物如藻类的稳定生长。总碱度大的水体抵抗重金属离子的毒害作用优于总碱度低的水体，总碱度高，水中的重金属如铜、锌的毒性降低；水体总碱度高，水色（藻类）较为稳定，即使出现恶劣天气（冷空气等），藻类比例和数量也没有大幅度变化。适当提高水体总碱度，降低"转水""倒藻"的发生概率，同时在天气转晴后，降低"气泡病"的发病概率；适当提高总碱度，有利于促进水草生长、壮茎、壮根，预防青苔、地皮、鞭毛藻类、蓝藻等滋生；足够量的碱度值可以促进有机悬浮物及胶体物质的絮凝，防止缺氧和疾病的发生，也可以中和底质中多余的有机酸以促进微生物的活动，加速有机物的分解，增强水质的肥力。相反，高碱度具有毒性。碱度过高对养殖生物的毒害作用分析表明：碱度越高对养殖动物的毒性越大。鱼类在过高碱度的水中，体表分泌大量黏液，鳃出血，迅速死亡。

作为碱化材料的化合物含有能与带负电荷离子基团结合而中和酸度的钙或钙和镁。在农业上最常用的碱化材料是经过微粉碎的石灰石和白云石；或这两种物质的混合物。石灰石又称方解石，主要成分是碳酸钙；白云石主要成分是碳酸镁钙。另外两种常用的碱化材料是氢氧化钙和氧化钙，氢氧化钙指的是各种水解的石灰、消石灰和建筑石灰，而氧化钙常常称为快速石灰、未消解石灰或烧石灰。炼钢的副产品炉渣含有碳酸钙和磷，是一种碱化材料兼肥料。

各种其他材料，包括贝壳粉、草木灰、泥灰、烟尘等也可以用来中和池塘的酸性。这些材料在池塘中使用，具有农用石灰的30%—40%价值。草木灰本身也是种很好的钾肥，而且含有丰富的微量元素。值得注意的是，不能中和酸性的含钙化合物不是碱化材料，如市场上作为农业石膏的硫酸钙，是很好的钙源，但硫酸钙不能中和酸性。

六、选址布局

（一）示范场点建设地点应符合当地"养殖水域滩涂规划"布局要求。

（二）示范场点应位于重点交通道路两侧，交通便捷。

（三）规模治理场养殖区域面积原则上不低于200亩，集中治理点养殖区域面积原则上不低于300亩，养殖区域应集中连片。

（四）可根据不同养殖品种确定养殖尾水处理面积。

1.大宗淡水鱼、淡水虾类养殖池塘：尾水处理总面积不小于养殖总面积的6%。

2.乌鳢、加州鲈、黄颡鱼、翘嘴红鲌以及龟鳖类养殖池塘：尾水处理总面积不小于养殖总面积的10%。

3.其他品种：尾水处理总面积约占养殖总面积的8%。

七、治理工艺流程

（一）尾水设施总面积占养殖总面积较大的，应建立"四池三坝"，处理工艺流程主要包括生态沟渠—沉淀池—过滤坝—曝气池—过滤坝—生物净化池—过滤坝—洁水池。

（二）养殖污染较少的品种，可采用"四池两坝"的治理模式，处理工艺流程主要包括生态沟渠—沉淀池—过滤坝—曝气池—生物净化池—过滤坝—洁水池。

（三）处理设施面积比例：为满足蓄水功能，沉淀池与洁水池面积应尽可能大，沉淀池、曝气池、生物净化池、洁水池的比例约为45∶5∶10∶40。

八、设施设备

（一）生态沟渠建设标准：利用养殖区域内原有的排水渠道或周边河沟进行改造而成，并进行加宽和挖深，宽度不小于3米，深度不小于1.5米，沟渠坡岸原则上不硬化，种植绿化植物，在沟渠内设置浮床，种植水生植物，利用生态沟渠对养殖尾水进行初步处理，最终汇集至沉淀池（已硬化的沟渠只需设置浮床，种植水生植物；无可利用沟渠时，用排水管道将养殖尾水汇集至沉淀池）。

（二）沉淀池建设标准：沉淀池面积不小于尾水处理设施总面积的45%，尽量挖深，在沉淀池内设置"之"字形挡水设施，增加水流流程，延长养殖尾水在沉淀池中停留时间，并在池中种植水生植物，以吸收利用水体中营养盐。沉淀池四周坡岸不硬化，坡上以草皮绿化或种植低矮树木。

（三）曝气池建设标准：曝气池面积为尾水处理设施总面积的5%左右，曝气头设置密度每3平方米不少于1个，曝气头安装时应距离池底30厘米以上，罗茨风机功率配备不小于每100个曝气头3千瓦，罗茨风机须用不锈钢罩保护或安装在生产管理用房内。曝气池底部与四周坡岸应硬化或水泥板护坡或土工膜铺设，以防止水体中悬浮物浓度过高堵塞曝气头。应在曝气池中定期添加芽孢杆菌、光合细菌等微生物制剂，用以加速分解水体中有机物。

（四）生物净化池建设标准：生物净化池面积占尾水处理设施总面积的10%左右，池内悬挂毛刷，密度不小于6 000根/亩，毛刷设置方向应与水流方向垂直，毛刷底部也须用聚乙烯绳或不锈钢丝固定，确保毛刷挺直，不随水流飘动。定期添加芽孢杆菌、光合细菌等微生物制剂，用以加速分解水体中有机物。池塘四周坡岸不硬化,坡上以草皮绿化或种植低矮树木。

(五)洁水池建设标准:洁水池面积应占尾水处理设施总面积的40%以上,池内种植伊乐藻、苦草、铜钱草、空心菜、狐尾藻、莲藕、荷花等水生植物,四周岸边种植美人蕉、菖蒲、鸢尾、再力花等植物,合理选择植物种类,分类搭配,保证四季均有植物生长。水生植物种植面积应占洁水池水面的30%左右,同时应在池内放养鲢鳙鱼、河蚌、螺蛳等滤食性水生动物,进一步改善水质。

(六)过滤坝建设标准:用空心砖或钢架结构搭建过滤坝外部墙体,在坝体中填充大小不一的滤料,滤料可选择陶粒、火山石、细沙、碎石、棕片和活性炭等,坝宽不小于2米;坝长不小于6米,并以200亩养殖面积为起点,原则上每增加100亩养殖面积,坝长加1米;坝高应基本与塘埂持平,坝面中间应铺设板块或碎石,两端种植低矮景观植物。坝前应设置一道细网材质的挡网,高度与过滤坝持平,用以拦截落叶等漂浮物。过滤坝建设还应注重汛期泄洪设施配套。

(七)排水设施建设标准:所有排水设施应为渠道或硬管,不得使用软管,应尽可能做到水体自流,因地势原因无法自流的,应建设提升泵站。通过泵站合理控制各处理池水位,确保各设施正常运行,处理效果良好。

(八)监控建设标准:在尾水处理设施的中央和排水口各安装一套可360度旋转监控摄像头,进行远程监控。

(九)物联网技术应用:在曝气设备上安装智能曝气控制装置,做到定时开关曝气设备。

九、注意事项

（一）养殖池塘应具有一定规模且成连片布局，具有一定的水、电、通信条件。

（二）养殖区域内具有较好的组织管理结构，具有一定数量的技术人员。

（三）定期保持对水质的监测与检测，加强对尾水治理设施的运行与维护。

第五节　对虾工厂化循环水高效生态养殖技术

一、技术概述

对虾工厂化循环水高效生态养殖技术以凡纳滨对虾为主要养殖对象，依托现代养殖工程和水处理设施，综合运用微孔增氧、免疫增强、水质调控、养殖尾水处理等技术，实现了全年的对虾高效、生态化养殖，具备水体循环利用、生态环境稳定、养殖过程人工调控、尾水达标排放等明显特点，是符合我国新时代渔业"高效、优质、生态、健康、安全"理念的对虾养殖新模式。

近年来，该养殖技术在我国山东省青岛、潍坊、烟台等地的对虾养殖企业进行推广应用，养殖产量达$4.3kg/m^3$，节约养殖用水90%以上，养殖尾水符合《海水养殖水排放要求》（SC/T9103-2007）二级标准，尤其在北方地区低温季节应用该养殖技术不仅可以节省部分升温环节的能源消耗，而且养殖水环境较换水养殖更加稳定，节能减排效果明显，产业化前景十分广阔。该技术是促进我国对虾养殖产业转方式调结构，实现"提质增效、绿色发展"的重要途径之一，对于高效利用和保护珍贵的水土资源也有重要意义。

二、技术要点

（一）设施设备及循环水处理工艺

1.设施设备

主要包含蓄水池、养殖池、水循环处理设备和室外尾水处理池等四部分，养殖池、蓄水池和水循环处理设备可设置在封闭、保温性能好的养殖车间内，养殖池和蓄水池上方屋顶透光，而水循环处理设备安置区尤其是生物滤池上方需避光。

（1）蓄水池：蓄水池水容量应不低于养成总水体的三分之一且能完全排干，主要用于盐度调配和消毒处理等，可应用紫外线、臭氧或漂白粉等进行消毒处理。

（2）养殖池：长方形圆角或圆形对虾池，材质多以水泥或玻璃钢为主，面积25—100平方米，水深0.8—1.2米。池底平整光滑，中央设集污区和排水口，以3%—5%坡度顺向排水口，并在池底靠近与池壁交接处设置条形纳米微孔增氧管，在保证养殖池充足供氧的同时，有利于水体集污和快速排污。排水口处设置独立的循环回水管道和排污管道，分别接入循环水处理系统和室外尾水处理池，平时较清的养殖水经回水管道进入循环水处理系统，需要排污操作时则打开排污管道排入尾水处理池。

（3）水循环处理设备

悬浮颗粒的过滤：常用设备有微滤机和弧形筛等，以微滤机为宜,出水水质较好(可通过调节筛网网目、转速及反冲压力等改善水质);弧形筛无须动力和清洗用水,造价相对较低,但出水水质一般。

细微和溶解颗粒的去除:蛋白质分离器可将水体中70%的有机物在未分解成氨或铵盐等有害物质前去除,主要由气体扩散装置、反应容器(通常为圆柱形)和泡沫收集装置等组成,并可根据水质和水循环量来人为调节蛋白质分离器的入水直径、出水直径和流量等。

生物净化:常用安装或放置生物滤料的生物滤池,主要是通过强化微生物的作用来达到降解水体中氨氮、亚硝氮等有害物质的目的。生物滤料可选择PVC弹性立体填料或PVC多孔环,填充率20%—50%,数量宜根据循环水系统基本生物承载量确定。生物滤池有效水体与养殖池有效水体体积之比以1∶3至1∶5为宜,底部设曝气装置,采用小型鼓风机供气。

消毒灭菌:采用紫外线消毒装置或臭氧发生器进行灭菌处理。紫外线杀菌采用渠道式装置,一般选择波长240—280微米的灯管。臭氧发生器装置产量范围为2.5—65g/h,添置臭氧流量计以保证臭氧投入浓度0.08—0.20mg/L,臭氧消毒后的水体应充分曝气后方可进入养殖水体。

2.工艺流程

对虾工厂化循环水高效生态养殖系统工艺流程示意图如下图所示。

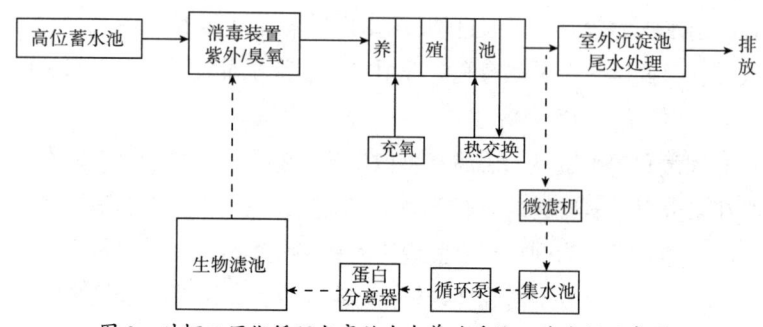

图 2 对虾工厂化循环水高效生态养殖系统工艺流程示意图

3. 水质指标及调控措施

（1）主要养殖水质指标参考值：COD≤10mg/L，颗粒悬浮物（SS）≤10mg/L，pH7.0—8.5，DO≥6mg/L，TAN≤0.5mg/L，NO_2^--N≤1.0mg/L，弧菌≤5 000CFU/mL。

（2）调控措施：

培养生物膜：循环水处理系统启动前15—30天，通过人工定向接种上一茬养殖尾水或硝化细菌的方式促使生物膜快速形成。养殖过程中需按时监测温度、盐度、pH、溶解氧、COD、氨氮、亚硝酸盐、硝酸盐等相关水质指标，并控制在适宜范围内。

调节循环量：系统的水循环次数控制在4—7次/日为宜。随着投饵量增加，系统负荷逐渐加大，需根据养殖水体的氨氮、亚硝酸盐、悬浮固体颗粒等指标变化增加循环量以保证良好水质。

抑制病原菌：适量添加微生态制剂和有益微藻来改善水质，促进水体中可溶性有机物的转化利用，抑制弧菌等病原微生物增殖，促进对虾生长。

增加供氧量：养殖后期对虾的溶氧消耗量逐步增加，可采取加大纯氧供给量的措施来提高养殖水体氧饱和度，给对虾创造一个良好的生长环境。

排污换水：每日排污换水量控制在5%以内。投喂饲料前进行人工排污，排出养殖池内的残饵粪便，定期清除微滤机等过滤的固体颗粒物。同时，及时补充因排污和蒸发损失的水分。

（二）养殖管理

1.苗种及放养

选择健康无病、活力强的对虾苗种，来源和质量符合国家相关标准（SC/T 2068-2015）。从异地购入苗种时应进行检疫，严防病原传播。放苗时，注意把苗种运输水温与暂养池的温差控制在1℃以内、盐度差控制在2‰以内，24小时温差控制在3℃、盐度差控制在3‰以内。

虾苗采用二阶段分级方法进行养殖，一阶段为暂养标粗，养殖30天左右苗种规格达到2.5—3.0厘米后分苗，进入养成阶段。根据预计收获对虾规格及水处理能力确定各阶段放养密度，一般标粗阶段放养密度3 000—5 000尾/平方米为宜，养成阶段放养密度300—800尾/平方米为宜。

2.饲料及投喂

使用优质配合饲料，质量符合国家相关标准（GB/T 22919.5-2008），日投喂量以对虾总体重3%—10%为宜，根据对虾大小、摄食情况和水温等情况适当调整投喂量。沿池边均匀泼洒投喂，每日4—6次，发现对虾摄食不良时，应及时查明原因，同时减少或停止投喂。在养殖高温期或易发病阶段，选择天然免疫增强剂如维生素C和维生素E、裂壶藻、虾青素、黄芪多糖等，拌在饲料中投喂，以增强对虾自身免疫功能，提高抗病力。此外，循环水养殖条件下的对虾在养殖后期易出现软壳现象，可在水体中泼洒适量钙制剂来解决。

（三）尾水处理

对虾养殖循环水养殖系统排污量较少，上一茬对虾养成收获后整个养殖系统的水质比较稳定，可以直接投放新的虾苗继续养殖下一茬，水体重复利用率高。但养殖过程中有部分残饵、粪便等无法通过换水排污而吸附在池壁和池底，需要彻底排水清洗。

日常排污或偶尔洗池排水时，废水经排污管道进入室外尾水处理池。尾水处理池主要包括物理沉淀和生物处理两个不同的功能区。物理沉淀区通过大颗粒悬浮物质（≥100微米）自然沉降作用将其分离，而生物处理区则主要通过投放滤食性贝类和大型藻类等来吸收、转化小型悬浮有机颗粒和溶解性无机营养盐等，达到净化水质的效果，净化处理后的排放水需检测达标后再排放。

三、适宜区域

包括我国沿海地区海水工厂化养殖区域。

四、注意事项

循环水处理系统生物膜形成后，水温、盐度、pH、溶解氧、水力停留时间、水体碳氮比、投入品等因素的急剧变化均可能导致生物膜脱落而影响净化效率，甚至系统崩溃，很难在短时间（20—30天）内恢复正常。养殖生产中需要根据对虾密度、大小、健康状况，以及水体温度和无机盐浓度变化等情况，适时调整循环水养殖系统实际运行参数。同时，必须慎重使用消毒剂和抗生素来防治病害，尽量避免药物进入循环水系统破坏功能微生物群落。

第六节　池塘工程化循环水养殖技术

一、技术概述

我国渔业已经转变为以"生态优先、以养为主"为发展方针，建设生态良好、生产发展、装备先进、产品优质、渔民增收、平安和谐的现代渔业发展战略格局。广东池塘健康养殖得到了快速发展，但在追逐养殖产量导向的局势下，产生了一些不利问题：（1）水质监控、设施配套、卫生管理等关键技术水平低、集成体系建设薄弱，养殖废水任意排放；（2）养殖清洁生产意识淡薄，传统养殖操作方式普遍存在，成活率和养殖效益下降，抗风险能力弱；（3）目前的水产养殖模式仍以劳动力密集型为主，缺乏现代渔业机械化设施装备。上述诸多不利因素严重影响和制约了广东池塘养殖业的可持续健康发展。

传统池塘养殖本质上是"资源—产品—废弃物"的开放型物质流动模式，生产的产品越多，消耗的资源和产生的废弃物就越多，对环境资源的负面影响也就越大。

池塘工程化循环水养殖则是以"资源消费—产品—资源再生"循环型物质流动模式理念为指导，以尽可能小的资源消耗和环境成本，获得尽可能大的经济和生态效益，使池塘养殖生态系统的物质循环相互和谐，促进资源长久利用。池塘循环水养殖技术是对传统池塘养殖模式的根本变革。其围绕池塘养殖业现代化的需求，针对广东集约化养殖池塘设施装备落后的现状，以渔业绿色发展为目标，以节约用地、水循环利用、高效、安全生产等为目的，设置集中养殖区、污水沉淀区、净水区等，在池塘构筑砖混结构、不锈钢结构的集中式养殖水槽（规格20米×4米×2.2米）工艺，养殖水槽的建设占池塘总面积2%—2.5%，集成池塘污水沉淀区、池塘净化区等功能模块，建立池塘工程化循环水环保养殖系统。

二、增产增效情况

在广州市南沙区，在50亩池塘中构筑8条养殖水槽（规格4米×20米×2米），建立池塘工程化循环水环保养殖系统，在每条水槽中放养规格平均为500克/尾的大规格草鱼1万尾，共放养8万尾草鱼，使用蛋白质含量为28%的膨化饲料，养殖50—60天，草鱼可生长至1.8—2.2斤/尾，每条水槽容纳量控制在2万斤，每年可生产4批次。2017年，该系统年产量60多万斤，净重29.5万斤，其他杂鱼5.7万斤，毛利润约100万元。该系统养殖过程中没有向外排水，基本实现零换水养殖。

三、技术要点

（一）养殖水槽功能渔业设施装备技术

1.研究高密度养殖水槽污物沉积状态，开发气—水混合定向流推水高效增氧设备、高溶解氧垂直分流控制技术，建立养殖水槽气提—气推双式结合混合定向流高效增氧技术工艺，形成水槽前、中、后垂直剖面的养殖水体溶解氧、流速均衡，使养殖鱼类均匀分布于养殖水槽，避免养殖水槽内鱼类因"逆水"出现"扎堆"造成鱼体易机械损伤，同时解决沉积物迅速排出水槽的问题，保障水槽内养殖鱼类的健康生长。

2.安装养殖管理水体溶解氧预警预报在线系统，配置纯氧增氧系统，当监测到水体溶解氧<5.0mg/L时，电磁阀自行启动，实现在线控制水体溶氧量。

3.根据提升瘦身鱼品质所需的养殖条件（透明度≥35厘米、氨态氮<0.5mg/L、亚硝酸氮<0.1mg/L、换水量3倍以上），设计"U"型过滤通道，采用生态基及微电材料，以生物、物理方法，突破限制养殖产品品质提升的水体控制方式，建立瘦身养殖技术工艺。

4.采用无线遥控，设计、安装自动称量吊网捕鱼系统。降低劳动强度的同时也大大节约劳动力。

（二）污物沉淀池塘生物控制技术

根据水生态学原理，在平衡的水域生态系统中，选择合适的养殖品种，科学地进行品种搭配，研究新模式下鱼类的混养方式。研究不同种类水生动物在食物链的调控作用下生活习性、水体藻相、菌相的变化。着重对混养品种的品种、比例、不同规格进行最佳配比研究；根据混养种类的生态、营养需求，改进、完善养殖技术，促使养殖模式进一步升级，提高产量和品质。

（三）净水池塘生态修复技术

针对高产养殖池塘水体排放物污染重和养殖环境调控困难等状况，根据养殖类型和养殖模式特点，进一步提升池塘水体的净化能力。利用生态基、微电解材料，开展池塘水体土著微生物固定化培养、水环境改善和底质改良等研究，建立适合的原位环境调控与生态修复技术。

（四）构建高产池塘养殖产品品质提升设施装备技术模式

通过养殖设施装备技术研究，探明设施装备技术参数，优化养殖模式，形成先进设施装备与新型养殖技术工艺，实现养殖设施装备标准化、机械化、自动化，解决传统养殖管理可控性低、产品品质存在安全隐患等问题，提高生产效率，构建高产池塘草鱼品质提升设施装备技术模式。

四、适宜区域

可在全国池塘养殖主产区进行推广。

五、注意事项

（一）必须保持电力供给，保障增氧系统正常运行。

（二）定期检查气—水混合定向流推水高效增氧设备中曝气管出气情况。

（三）定期维护鼓风机，如添加机油、检查线路。

（四）定期检查水槽两侧防逃网是否破损。

（五）为了提高养殖系统的运行效率，应选择大规格鱼种进行养殖。

（六）集中区养殖密度大，应适当调整摄食节律，延长投喂时间或增加投喂次数，如养殖草鱼，建议每天投喂4次。

第七节　鱼虾混养生态防控技术

一、技术概述

鱼虾混养技术是在充分考虑池塘上层、中层和底层生物容载能力的基础上，利用食物链的关系，主养南美白对虾或鱼类的池塘中合理搭配不同食性的（滤食性、杂食性和肉食性）鱼类品种或南美白对虾的养殖模式，建立以南美白对虾或鱼类为中心的多物种生态平衡体系，利用物种间生态位的互补关系进行生态养殖。该技术操作简单，实用性强，能有效地减少残饵对水质的污染，抑制病原体的传播，有效实现调控水质、减少病害、合理利用水资源、增加效益的目的。

二、增产增效情况

该项技术能使亩产量增加50—100千克、亩效益增收500—1 000元。

三、技术要点

适宜50亩以上的大面积池塘，可分为主养鱼种和主养成鱼两种。对虾的亩产量可稳定在50千克左右。

（一）主养鱼种套养虾

5月中旬，每亩投放虾苗4万尾左右，待虾苗个体增大，体质健壮后，6月中旬投放鱼类夏花10 000—15 000尾/亩，利用投放的时间差，确保虾的成活率。在养殖过程中只投喂鱼类苗种饲料。在不影响鱼种培育产量的同时，南美白对虾亩产量可达250千克。

（二）主养成鱼套养虾

主养鱼类为杂食性鱼类的鲤鱼或草食性鱼类的草鱼，鱼类的放养密度：每亩放养大型吃食鱼类鱼种（主）1 000尾左右，同时套养小型吃食鱼类鱼种200尾左右，滤食性鱼类鱼种150尾左右。水温稳定在20℃以上时，每亩投放南美白对虾0.8万—1.5万尾，按鱼类养殖管理操作。在不影响养殖鱼类产量的情况下，南美白对虾亩产量可达50—100千克。

（三）主养虾套养鱼

适合于各种面积的南美白对虾精养池，套养鱼类有：革胡子鲶、黄颡鱼等肉食性鱼类；丁鱥、梭鱼、泥鳅、鲫鱼等杂食性鱼类；鲢鳙等滤食性鱼类；草鱼等草食性鱼类。每亩投放南美白对虾7.5万—8.5万尾。

1.套养肉食性鱼类

5月初水温稳定在20℃以上投放虾苗，待虾苗长到5厘米以后，即6月中旬亩投放规格140尾/千克的黄颡鱼种100尾或400克/尾的革胡子鲶30—50尾，按养虾池塘进行养殖管理。南美白对虾亩产量可达650千克以上，养成规格在50—60尾/千克之间；黄颡亩产量可达8千克左右，规格可达到80克以上；革胡子鲶亩产60—100千克。

2.套养中小型杂食性鱼类

5月初水温稳定在20℃以上时投放虾苗，待虾苗长到3厘米以后，6月初根据鱼种个体的大小，亩投放杂食性鱼类鱼种40—2 000

尾，按养虾池塘进行养殖管理。该模式南美白对虾亩产量可达700千克左右，养成规格在56—65尾/千克之间；杂食性鱼类亩产量可达20—50千克。

3.套养滤食性、草食性鱼类

5月初水温稳定在20℃以上时投放虾苗，虾苗投放15天后，根据水体生物量情况，开始投喂对虾全价配合饲料。投放虾苗一个月后，每亩投放规格4尾/千克鲢鱼种30尾、2尾/千克鳙鱼种5尾、1—2千克/尾的草鱼30—50尾。在养成过程中根据水体中浮游生物量的情况，适当追肥，透明度控制在25—30厘米，定期施用微生态制剂，保持水中良好的藻相，按养虾池塘进行养殖管理。该模式对虾亩产量在650千克左右，规格60尾/千克左右；鲢亩产量40千克，规格1—1.5千克/尾；鳙亩产量10千克，规格1—2千克/尾；草鱼亩产量120千克，规格2—4千克/尾。

四、适宜区域

主要适宜淡水养殖池塘、水库、河道等，套养鱼类如为海水鱼也同样适宜海水养殖池塘、低洼盐碱地等。

五、注意事项

（一）苗种放养时间

主养南美白对虾的池塘，虾苗放养一个月后放养鱼种。

（二）套养鱼类的放养密度

小型的肉食性鱼类，待虾长到5厘米以后放养。亩放养密度100尾左右；滤食性、草食性鱼类亩放养30—50尾；杂食性鱼类根据鱼体的大小灵活掌握，体形较大的亩放养40尾左右，体形较小的（泥鳅）亩放2 000尾。

（三）虾类的放养密度

主养鱼类的池塘，5月中旬后亩放虾苗0.8万—1.5万尾。

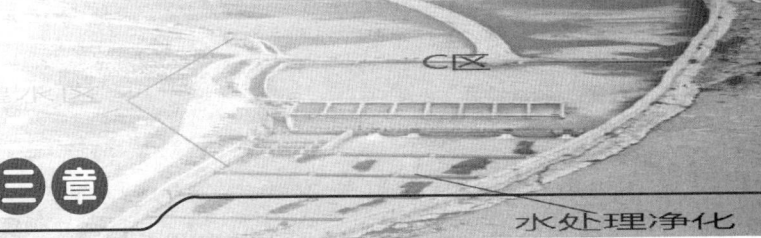

第三章 常见养殖品种及养殖条件

第一节 鱼类

一、青鱼

青鱼是鲤科、青鱼属鱼类，俗称黑鲩、乌鲩、螺蛳青等，因其体黑、喜食螺蛳而得名，是我国淡水养殖的"四大家鱼"之一，是淡水鱼中的佳品，深受广大消费者的喜爱，价格一直保持稳定，池塘养殖规模也在不断扩大，具有较好的养殖发展前景。

（一）生物学特性

1.形态特征

青鱼体略呈圆筒形，尾部侧扁，腹部圆，无腹棱。头部稍平扁，尾部侧扁。口端位，呈弧形。上颌稍长于下颌。无须。背鳍与腹鳍相对。体背及体侧上半部青黑色，腹部灰白色，各鳍均呈灰黑色。

图3 青鱼

2.食性与生长

属肉食性鱼类,主要以螺、蚬等软体动物为食。

生长快,2—3冬龄可达3—5千克,最大个体可达70千克,长江中常见的个体重15—20千克。

3.生态习性

喜栖息于中下层水域。常与其他鱼类混养,一般不游至水面。

4.繁殖特性

雌性青鱼和雄性青鱼的性成熟年龄不同,一般雌性5—7龄,雄性4—5龄。性成熟青鱼的性腺1年只成熟1次,属于一次性产卵类型。其繁殖旺季在每年5月份到7月份。产卵活动较分散,延续时间较长。怀卵量为60万—100万粒。卵漂流性,卵膜透明,随水流孵化发育。

(二)养殖条件

1.溶解氧条件

适宜溶解氧4mg/L以上。水中溶氧量低至1.6mg/L时呼吸受到抑制,0.6mg/L时开始窒息死亡。

2.适宜的水温条件

青鱼在0.5℃—40℃水温范围内都能存活。生长的适宜温度为20℃—32℃，低于6.5℃、高于40℃开始死亡。

3.适宜的养殖方式

池塘套养、湖泊、水库、河沟等大水面养殖。

二、草鱼

草鱼是鲤科鱼类中草鱼属的一种鱼类，别名草鲩、鲩等，分布于我国各大水系，具有生长快、肉质好的特点，是我国传统淡水养殖的"四大家鱼"之一。

（一）生物学特性

1.形态特征

其体较长，略呈圆筒形，腹部无棱。头部平扁，尾部侧扁。口端位，呈弧形，无须。背鳍和腹鳍相对。体呈茶黄色，背部青灰略带草绿，偶鳍微黄色。

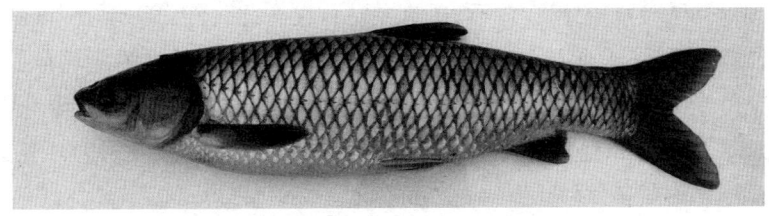

图4 草鱼

2.生活习性

草鱼生活在中下层水域和近岸，其性情活泼，游泳迅速，喜在水草丰富的地方活动，常结伴觅食。

3.食性与生长

草鱼为典型的草食性鱼类,喜食的种类有苦草、轮叶黑藻、浮萍等。在自然状态下成鱼以吃水草为主,人工饲养条件下,投喂精饲料的同时可搭配投喂喜吃草料。

草鱼属于生长快的大型经济鱼类。雌雄草鱼的生长速度在1—3龄间基本相似,但4龄鱼以后雄鱼生长速度慢于雌鱼。草鱼的养殖周期一般是两年半到三年,生长速度最快为2—3龄。人工养殖条件下,一般1龄鱼可生长50—60克,2龄鱼可生长500—750克,3龄鱼可生长至2—3千克,到5龄鱼以后,草鱼的生长速度显著减慢。

4.繁殖习性

草鱼的性成熟一般是雄鱼早于雌鱼1年,雄性个体也比雌性小一些。其性成熟年龄和个体大小与纬度关系密切,低纬度地区日照时间较长,鱼体吸收热量更充足,纬度越高则性成熟时间越长。在华南地区,性成熟年龄为3—4龄,体重4千克左右;在华中,性成熟年龄为4—5龄,体重5千克左右;在东北,性成熟年龄为6—7龄,体重6千克左右。此外,性成熟还与营养条件有关,营养不同,性成熟年龄和体重也会出现差异。

(二)草鱼养殖条件

1.溶氧条件

水质清新,溶解氧4mg/L以上。

2.适宜水温条件

草鱼的最适生长温度是20℃—32℃,但其对水温的适应能力比较强,在0℃—38℃的水温范围均可生存。

3.适宜养殖方式

传统池塘养殖、大水面养殖和草鱼工程化循环水养殖等模式均可。

三、鲢

鲢是鲤科、鲢属鱼类,俗称白鲢。鲢是典型的滤食性鱼类,生长快、产量高,多与草鱼、鲤鱼混养,是中国"四大家鱼"之一。

(一)生物学特征

1.形态特征

体形侧扁、稍高,呈纺锤形,背部青灰色,两侧及腹部白色。胸鳍不超过腹鳍基部,各鳍颜色呈淡灰白色,头较大,眼睛位置很低。鳞片细小,形态和鳙相似。

图5 鲢

2.食性与生长

鲢属滤食性鱼类,主要以浮游生物为食,并喜吃草鱼的粪便和投放的鸡、牛粪。炎热的夏季,鲢的食欲最为旺盛。

生长速度快、产量高。在池养条件下,饵料充足,当鲢鱼可长到500—800克,三龄鱼体重可达3—4千克,在天然水域中可重达30—40千克。

3.生活习性

鲢喜肥水,性情活泼,喜欢跳跃,有逆流而上的习性,但行动不是很敏捷,比较笨拙。鲢喜在中上层水域活动,在水质较肥的明水区常见鲢群。但鲢耐低氧能力极差,对水体溶氧极其敏感,水体缺氧立即浮头,甚至死亡。

4.繁殖特性

鲢的雌鱼一般在4龄时达到性成熟,雄鱼为3龄。一般在每年的4月中旬到5月中旬繁殖,最适水温在22℃—26℃之间。产卵需要有流水刺激,产漂浮性卵。5千克左右的雌鱼相对怀卵量4万—5万粒/千克体重,绝对怀卵量20万—25万粒。产卵后的亲鱼往往进入饵料丰盛的湖泊中摄食肥育。

(二)养殖条件

1.溶氧条件

溶氧在3mg/L以上时能正常生活,溶氧低于2mg/L时,缺氧浮头,继而死亡。

2.适宜水温条件

鲢喜高温,最适水温为23℃—32℃。

3.适宜养殖方式

池塘主养、混养、大水面生态养殖等。

四、鳙

鳙是鲤科、鲢属鱼类,俗称花鲢、胖头鱼、大头鱼。鳙是典型的浮游生物食性的鱼类,生长在淡水湖泊、河流、水库、池塘里,多分布在水域的中上层,为中国"四大家鱼"之一。

（一）生物学特征

1.形态特征

外形与鲢相似，体形侧扁。头部较大且宽，口裂宽大且向上倾斜。眼较小，眼位比较低，位于头前侧中轴的下方，无须；尾鳍深分叉，两叶约等大，末端尖。背部及体侧上半部微黑，有许多不规则的黑色斑点；腹部灰白色，各鳍呈灰色。

图6　鳙

2.食性与生长

鳙属滤食性鱼类，主要以浮游动物为食，如轮虫、枝角类、枝角类和原生动物等，兼食多种浮游藻类。

鳙生长快速，池塘养殖在饵料充足的条件下，1龄鱼即可长到0.8—1千克。在天然河流和湖泊等水体中，通常可见到10千克以上的鳙，最大的体重可达50千克。

3.生活习性

喜栖息在水体中上层。具有河湖洄游习性，平时多生活在有一定流速的湖泊、河流、水库、池塘中，能适应较肥沃的水体环境。性情温和，不大跳跃，行动较迟缓。

4.繁殖习性

鳙的雌鱼一般在5龄性腺成熟,而雄鱼为4龄,此时体重约10千克。繁殖季节一般为5月上旬至7月初,适宜的繁殖水温为20℃—27℃,产卵条件与鲢相似,产漂流性卵。到性成熟时期至江中繁殖,后又回到湖泊食物丰富的地方肥育。

(二)养殖条件

1.溶氧条件

溶氧在3mg/L以上时能正常生活,溶氧低于2mg/L时,缺氧浮头,死亡。

2.适宜水温条件

为温水性鱼类,适宜生长的水温为25℃—30℃。

3.适宜养殖方式

池塘主养、混养、大水面生态养殖等。

五、大口黑鲈

大口黑鲈又名大嘴鲈、黑鲈。属鲈形目,太阳鱼科,黑鲈属。原产于美国加利福尼亚州密西西比河水系,主要栖息在水温较暖的湖泊与池塘浅水处,或水流缓慢的溪流。大口黑鲈生长较快,一龄的鱼就性成熟,即可繁殖,是目前我国推广的优良养殖品种。

(一)生物学特征

1.形态特征

大口黑鲈鱼体长且侧扁,稍呈纺锤形。头大眼大,头长吻长、眼球凸出。口呈上位,且口裂大、宽。尾柄长、高。大口黑鲈鱼身具银白色或者浅黄色细小且紧密排列的鱼鳞,背脊绿青色或者淡黑色，侧线周围常见黑色斑纹，腹面灰白色。

图7 大口黑鲈

2.食性与生长

凶猛肉食性鱼类，掠食性强，摄食量大，常单独觅食，喜捕食小鱼虾。在人工养殖条件下，也摄食配合饲料，且生长良好。

在食物充足情况下，生长迅速。刚出膜仔鱼全长3毫米，26日龄幼鱼全长可达33.8毫米，体重0.51克。在我国南方，当年3—4月孵出的鱼苗，养殖至春节期间体重可达500—750克；二龄达1 500克；三龄达2 500克。

3.生活习性

喜欢透明度高、水生植物繁茂的湖泊和河流水域，多藏于水下岩石和水草丛中。在池塘养殖中，喜欢栖身于沙质或沙泥质不混浊的静水环境中，活动于中下水层。不喜跳跃，易受惊吓。

4.繁殖习性

天然水域一般2龄性成熟，池塘人工养殖1年后可成熟。繁殖季节为3—6月，水温14℃—16℃开始产卵，适宜水温为18℃—

26℃，最适水温为20℃—24℃。属多次产卵类型，每次产卵2 000—10 000粒。雄鱼筑巢，保护孵化。卵黏性，圆球形，淡黄色，沉在巢穴底孵化。

（二）养殖条件

1.溶氧条件

溶氧在3mg/L以上时能正常生活，溶氧低于2mg/L时，会缺氧浮头，继而死亡。

2.适宜水温条件

大口黑鲈生存水温为1℃—36℃，适合生长水温15℃—25℃。

3.适宜养殖方式

池塘中单养，也可在亲鱼塘中混养。

六、鲤

鲤泛指鲤形目、鲤科、鲤属的鱼，是我国很重要的经济养殖鱼种之一，地方品种有镜鲤、鳞鲤、红鲤、荷包鲤等，优良品种有丰鲤、颖鲤、建鲤、全雌鲤、福瑞鲤等。

（一）生物学特性

1.形态特征

鲤鱼鱼体呈梭形，略侧扁，但体色因品种和环境不同有差异。尾鳍下叶红色，口端位，马蹄形。背灰黑，侧线下方、尾柄周围呈金黄色，腹部呈现浅白色或者淡灰色。鱼鳞比较大，颜色一般为金黄色或者灰白色。

图 8 鲤

2.食性与生长

鲤鱼是一种杂食性鱼类,3厘米以下的鱼苗以食轮虫、小型枝角类为主,3厘米上以食枝角类、桡足类、摇蚊幼虫及昆虫幼虫为主,20厘米以上以食摇蚊虫、纤毛类为主,1龄鱼以后以食底栖动物(昆虫、螺、蚬等)、水生维管束植物的碎片、藻类等为主。常见鲤鱼个体重在0.5—2.5千克之间,最大个体可达15千克以上。

3.生活习性

鲤是分布很广的淡水鱼类,是我国重要的经济养殖品种。鲤鱼常生活于水体的下层,喜弱光,耐低氧能力强,常栖息在水体下层。鲤鱼好动,当水温适宜、溶氧充裕时会随波追逐,偶尔会跳跃离开水面。

4.繁殖特性

鲤鱼属分批产卵型鱼类,性成熟年龄一般是2龄,但有些鱼体1龄时即可性成熟。其产卵季节为每年3月—8月,4月—6月是产卵盛期。鲤鱼的怀卵量与年龄和个体大小密切相关,一般怀卵量为15万粒—80万粒。产卵场一般为水草茂盛的浅水湖湾或河湾区，鱼卵具黏性，产出的鱼卵牢固黏附在水草上孵化。在水温15℃—20℃条件下4—6天鱼苗即可孵出。

（二）鲤鱼养殖条件

1.溶氧条件

适宜的溶氧量为4.5mg/L以上，低于2mg/L则引起食欲减退，吃食减少，低于1mg/L就停食并浮头。

2.适宜水温条件

鲤鱼最适生长水温为25℃—32℃，水温32℃以上或15℃以下生长显著减慢，水温10℃以下停止摄食。

3.适宜养殖方式

鱼种池套养、成鱼池主养、成鱼池套养、稻田养殖等。

七、鲫

鲫是鲤科、鲫属的一种鱼类。杂食性，食性广，其具有很强的适应性和繁殖力，且抗病能力较强、生长速度快，水温适宜范围广，养殖技术要求低，是我国重要的经济养殖鱼类品种。

（一）生物学特征

1.形态特征

体侧扁而高，呈流线型，腹部圆。头短小，吻钝。无须。鳞片大。侧线微弯。胸鳍末端可达腹鳍起点。尾鳍深叉形。一般体背面灰黑色，腹面银灰色，各鳍条灰白色。因生长水域不同，体色深浅有差异。

图9 鲫鱼

2.食性与生长

杂食性鱼类,对各种饵料均能适应,开口摄食后以轮虫、枝角类、桡足类等浮游动物,浮游植物和有机碎屑等为食。

在自然水体中,1龄鱼可长到127克左右,2龄以后生长速度较快。人工养殖条件下,当年个体可长到250克以上。

3.生活习性

鲫鱼性情活泼,环境适应能力强,在深水、浅水、流水、静水中都能生存,耐低氧能力强,生活温度范围广,在0℃—32℃水温都能生存。

4.繁殖特性

在天然条件下,1足龄的鲫可达性成熟。人工较好的饲养条件下,约4—8个月的鲫便可达第一次性成熟,是典型的分批产卵鱼类之一。繁殖期为4月中旬至5月上旬,卵呈黄色,具黏性,250克以上的亲鱼每尾可产卵2万—5万粒。

(二)养殖条件

1.溶氧条件

适宜的溶氧量为3mg/L以上,溶氧量小于2mg/L时,鱼浮头。

2.适宜水温条件

水温0℃—32℃均能生存,适宜生长水温为20℃—30℃。

3.适宜养殖方式

鱼种池套养、成鱼池主养、成鱼池套养、稻田养殖等。

八、鲂

鲂是鲤科,鳊属鱼类,主要分布于中国长江中、下游附属中型湖泊,具有性情温顺,易起捕,适应性强,疾病少等优点。常见品种有团头鲂(又名武昌鱼)和三角鲂,因团头鲂性状优良,现已成为主要养殖对象。

(一)生物学特征

1.形态特征

以团头鲂为例,体高而侧扁,头后背部隆起,体呈菱形,头短小,口小端位,背鳍高度显著大于头长。尾鳍深分叉,下叶较上叶稍长。腹膜灰色或灰黑色。体呈青灰色,头背面及体背部较深,侧面为灰色,常有浅绿色泽。腹面银灰,各鳍呈灰色。

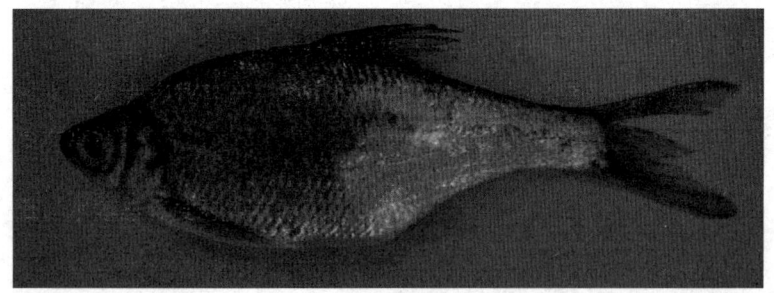

图10 团头鲂

2.食性与生长

属偏草食性的杂食性鱼类。主要摄食水生植物，其中以轮叶黑藻及湖底植物碎屑为主，其次是马来眼子菜、苲草、丝状绿藻等，也食少量的浮游动物。

团头鲂生长较快，在水草较丰茂的自然条件下，一般1冬龄体重可达200克，2冬龄能长到500克以上。饲养条件一年个体可达500克左右，生长速度在3龄以前较快，以后逐渐减慢。最大个体可达3—5千克。

3.生活习性

喜栖息于多水草的敞水区的中下层。能在池养条件下自然发育到性成熟。抗病力强，性情温和，易于捕捞，起水率高，生长较快。冬季不大活动，一般群集在深水的石隙中越冬。

4.繁殖习性

团头鲂的性成熟年龄一般为2—3龄，性腺每年成熟1次。4—6月繁殖，产黏性卵，黏附于水草上。产卵场在湖泊中沉水植物茂盛的水域。

（二）养殖条件

1.溶解氧条件

最适宜生长溶氧为5mg/L以上，正常呼吸所需要的溶氧量不低于3mg/L。

2.适宜的水温条件

适宜生长水温为20℃—30℃。

3.适宜的养殖方式

池塘养殖（主养或混养）、稻田养殖。

九、虹鳟

虹鳟属于鲑形目、鲑亚目、鲑科、大马哈鱼属,多栖息于水质冷而清澈的上游源头、小溪、小河到大河或湖泊等,因其体侧有宽纵带状红色纹似虹,故名虹鳟。原产于北美洲的太平洋沿岸,是我国引进的一种名贵养殖鱼类。

(一)生物学特征

1.形态特征及体色

虹鳟鱼体呈侧扁形,口端位,口比较大,斜裂。吻端圆钝,上颌具有细小牙齿。背鳍短,背鳍后面具小脂鳍1个。胸鳍末端微尖。腹鳍比较小,离臀鳍较远。鱼鳞圆形,较小。鱼体背部和头顶部呈蓝绿、黄绿或棕色。鱼体侧面和腹部一般为银白、灰白或白色。身体各部具有不规则的黑色小斑点分布。虹鳟个体因性成熟时侧线有1条宽且鲜艳的紫红或桃红色水温彩虹带,一直延伸至尾鳍基部,在繁殖期更加艳丽,像彩虹。

图11 虹鳟

2.食性与生长

虹鳟是典型的肉食性鱼类。幼鱼以食浮游动物、底栖动物和水生昆虫为主。成鱼以食鱼类、甲壳类、贝类和昆虫为主。在人工养殖条件下经人工驯养可食人工配合饲料。

虹鳟生长速度快、适应能力强。在适宜的生境中,全年都可以生长。水温不同,生长速度有差异,当养殖水温在12℃—14℃之间时,1龄虹鳟能生长到100—200克,2龄能生长到400—1 000克,3龄能生长到1 000—2 000克。若养殖水温在8℃—9℃,1龄可长到40—50克,2龄可生长到200—400克,3龄能生长到800—1 000克。

3.生活习性

虹鳟是冷水性鱼类,喜生活在水质清澈无污染、水温适宜、水量充沛、溶解氧高,具有沙砾底的水域。

4.繁殖特性

虹鳟雄鱼一般2龄性成熟,雌鱼3龄性成熟,产沉性卵,每尾雌鱼怀卵量10 000—13 000粒,分多次产出,目前已有同一繁殖个体产5次卵的典例。虹鳟产卵场为具有砂石砾的河川或者支流中,雌鱼掘坑后产卵,每个坑有受精卵800—1 000粒,雄鱼保护卵坑孵化。

(二)养殖条件

1.溶解氧条件

虹鳟适宜的溶氧为6mg/L以上,9mg/L以上生长速度较快。水体溶解氧5mg/L以下会导致体感不适,呼吸频率加快;水体溶氧3mg/L以下会导致虹鳟大量死亡。

2.适宜的水温条件

适合生存水温为12℃—18℃,最适生长水温为16℃—18℃,水温8℃以下或20℃以上导致食欲降低,生长减慢。若水温长期高于24℃会导致死亡。

3.适宜的养殖方式

池塘流水养殖,工厂化循环水养殖及水库、湖泊、河川中放养。

十、黄颡鱼

黄颡鱼是鲿科、黄颡鱼属鱼类,俗称黄辣丁、黄骨鱼等。黄颡鱼多栖息于缓流多水草的湖周浅水区和入湖河流处,营底栖生活,自然条件下以动物性饲料为主。

(一)生物学特征

1.形态特征

体延长,稍粗壮,吻端向背鳍上斜,后部侧扁。头略大而纵扁,头背大部裸露;背鳍较小,具骨质硬刺,背部黑褐色,至腹部渐浅黄色。沿侧线上下各有一狭窄的黄色纵带。

图12 黄颡鱼

2.食性与生长

黄颡鱼是杂食性偏肉食性鱼类,在自然条件下,以食动物性饵料为主,鱼苗期以食浮游动物主,成鱼期以食昆虫、小鱼虾、螺蚌等为主,另外也食其他鱼类的鱼卵和植物的碎屑等。

黄颡鱼属小型鱼类,生长较慢,常见个体体重多在70—200克之间。在自然条件下,1龄鱼可长到25—50克,2龄鱼可长到50—120克;在人工饲养条件下,1龄鱼即可长到100—150克。

3.生活习性

多栖息于缓流多水草的湖周浅水区和入湖河流处,营底栖生活,尤其喜欢生活在静水或缓流的浅滩处,且腐殖质多和淤泥多的地方。白天潜伏水底或石缝中,夜间活动、觅食,冬季则聚集深水处。适应性强,即使在恶劣的环境下也可生存,甚至离水5—6小时尚不致死。

4.繁殖习性

属一年一次性产卵型鱼类,一般2龄性成熟,生殖季节在5月中旬至7月中旬,适宜繁殖水温为25℃—30.5℃,在自然条件下有集群繁殖的习性。

(二)养殖条件

1.溶解氧条件

黄颡鱼较耐低氧,溶氧2mg/L以上时能正常生存,低于2mg/L时出现浮头现象。

2.适宜的水温条件

生长水温范围为16℃—34℃,最佳范围为22℃—28℃。

3.适宜的养殖方式

池塘主养、池塘混养等。

十一、鲟鱼

通常所说的鲟鱼指鲟形目的鱼类,我国一般养殖的鲟鱼品种为杂交鲟鱼，因为杂交鲟鱼有较高的受精率和孵化率，后代的适应能力强、抗病力高、生长速度快以及易于用配合饲料驯养等，成为我国当前鲟鱼商品鱼养殖中最主要的养殖类型。

杂交鲟为人工杂交品种，一般分两种，一种指以达氏鳇为母本、史氏鲟为父本，杂交繁殖出的后代，称为"大杂"；一种是西伯利亚鲟与史氏鲟的杂交种，称为"西杂"。

（一）生物学特征

1.形态特征

杂交鲟鱼体呈长纺锤形，向尾部延伸变细，裸露无鳞，成鱼体背面呈棕灰或褐色，幼鱼为黑色或浅灰色，腹部均为白色。鱼体被5行骨板，幼鱼骨板较尖，成鲟骨板呈钝状。杂交鲟头部有喷水孔，口裂小，裂长不超过头侧，下唇中央中断，鳃盖膜不相连。尾鳍为歪尾，上叶比下叶长。

图13　杂交鲟

2.食性与生长

杂交鲟是肉食性鱼类。食性比较广，不同生长阶段摄食饵料有差异。种苗和幼鱼期主食水蚯蚓、摇蚊幼虫和软体动物等，成鱼主食甲壳类、小型鱼、虾。在人工养殖条件，经驯化后可食人工配合饲料。

在人工养殖条件下，当水温在18℃—22℃时，杂交鲟75天可长至50克左右，90天可长至100克左右，180天可长至500克左右，1龄鱼可长至1 500克左右。

3.生活习性

鲟鱼是一种亚冷水性鱼类，生活在水体的中下层，其对生境要求比较高，喜生活于水质好，水体清澈，高溶氧量，光线弱，安静的环境中。但其适应的水温范围较大，西伯利亚鲟在冬季仍然会在冰下不停觅食。

4.繁殖习性

在天然水域中，雌鱼第一次性成熟的年龄为9—13龄，雄鱼第一次性成熟的年龄为7—12龄。怀卵量一般为30万—60万粒，产卵周期一般为3—5年。人工养殖条件下，雄鱼性成熟年龄在4龄左右，雌鱼性成熟年龄在6龄左右。

（二）养殖条件

1.溶解氧条件

溶解氧要求一般高于6mg/L。当溶解氧低于4mg/L时，其食欲减退，低于2mg/L时，则出现昏迷、死亡。

2.适宜的水温条件

存活水温为1℃—33℃，4℃时开始摄食，最适生长水温为17℃—23℃。水温高于28℃时，食欲减退。

3.适宜的养殖方式

池塘流水养殖、工厂化（流水）养殖。

十二、罗非鱼

罗非鱼属鲈形目，鲡鱼科，罗非鱼属。原产非洲，属热带性鱼类，罗非鱼属包括亚种共有100多种。具有生长速度快、产量高、食性杂、疾病少、繁殖力强等优良特点。目前我国主要养殖的品种有莫桑比克罗非鱼、尼罗罗非鱼以及各种杂交品种。

（一）生物学特性

1.形态特征

口前位，体侧扁，其外形类似鲫鱼，背部灰褐或暗褐色，背鳍棘部发达，臀鳍具三棘，尾鳍截型，侧线中断，体被栉鳞。背鳍边缘黑色，尾鳍终生有明显的黑色条纹；胸腹部白色，体侧具有8—10条横带纹，尾柄背缘有一黑斑；尾柄高大于尾柄长。

图14 罗非鱼

2.食性与生长

罗非鱼是杂食性鱼类。幼鱼期以浮游动物为食，随着个体长大，逐渐转为杂食性，通常以食浮游动植物为主，也食底栖的水生动物及水草，在人工饲养的情况下，能摄食商品饲料。

3.生态习性

一般栖息在水的底层，当水温变化时则改变栖息水层。耐低氧，喜集群在池边活动，遇见敌害或拉网时，首先跳跃，随后潜入水底的软泥中，吻端露出泥外，静止不动。

4.繁殖特性

罗非鱼6个月即达性成熟，体重200克左右的雌鱼可怀卵1 000—1 500粒左右。当水温达到20℃—32℃时，雄鱼开始"挖窝"，成熟雌鱼便进窝配对，产出的成熟卵子含于口腔内，雄鱼同时排出精子，随水流进入雌鱼口腔，使卵子受精，受精卵在雌鱼口腔内发育。当水温达25℃—30℃时，经4—5天即可孵出幼鱼。

（二）养殖条件

1.溶解氧条件

水中溶氧3mg/L以上，生长不受影响。

2.适宜的水温条件

罗非鱼的生长水温为16℃—38℃，适温22℃—35℃，高于42℃，低于10℃死亡。

3.适宜的养殖方式

池塘养殖（单养或套养）和湖泊、水库养殖等。

十三、斑点叉尾鮰

斑点叉尾鮰属鲶形目，鮰科，亦称沟鲶。原产于美洲，于1984年从美国引进。该鱼具有较强的适应能力，且生长速度快、食性范围广、容易繁殖、肉质鲜美等优良特点，适合中国大部分地区养殖。

(一)生物学特征

1.形态特征

斑点叉尾鲖鱼体前部较宽肥,体后部微细长,腹部比较平直,背部斜平。头小吻稍尖,口呈亚端位。触须4对。体表富黏液,光滑无鳞,侧线完整。背部两侧体色呈淡灰或灰白色,腹部乳白色。各鳍条均呈深灰色,背鳍后面具1个脂鳍。幼鱼鱼体两侧有明显的不规则斑点分布,成鱼则无斑点。

图15 斑点叉尾鲖

2.食性与生长

属于杂食性鱼类,贪食,喜群食,喜在弱光下摄食。鱼苗期主食轮虫、枝角类和桡足类等,鱼种生长到成鱼过程中则主食底栖生物、水生昆虫、大型浮游动物、小鱼虾、有机碎屑等。人工养殖中可食人工配合饲料。

斑点叉尾鲖生长快,当年鱼苗饲养到年末,可长到100—150克,长到第2年年末可长到1—2千克。

3.生活习性

斑点叉尾鲖属中下层鱼类,有集群性,性情较温顺。喜生活在有沙砾、块石底质的湖泊、池塘底层。

4.繁殖特性

斑点叉尾鮰性成熟年龄在3—4龄，繁殖季节为5—8月，在江河、湖泊、水库、池塘中均能产卵，产卵孵化水温为18.5℃—30℃，最适温度为23℃—28℃。产卵量和体重有一定关系，一般每公斤雌鱼可产卵约1万粒，受精卵黏性强，结成不规则的块状，在水温23℃—25℃的条件下，一周左右可孵出鱼苗。

（二）养殖条件

1.溶解氧条件

正常生活的水体溶氧为2.5—3mg/L时，溶氧量<1mg/L时开始出现浮头。

2.适宜的水温条件

属温水性鱼类。生存温度范围为0℃—36.5℃，最适生长水温18℃—34℃。

3.适宜的养殖方式

池塘养殖（单养或套养）和河流、水库养殖。

十四、大口鲶

大口鲶属鲶形目、鲶科、鲶属，也常写为大口鲇，俗称南方大口鲇，南方鲇，大口鲇等，分布于长江以南的江河中，其肉质细嫩鲜美，生长速度快，适宜温度范围广、抗病力比较强等优良特点，是重要的大型经济鱼类。

（一）生物学特征

1.形态特征

大口鲶鱼口裂末端达到或超过眼中部的下方，上颌须至胸鳍基部。胸鳍棘前端具2—3排颗粒状突起。歪尾，尾鳍不对称，上叶长于下叶。

图16　大口鲶

2.食性与生长

属凶猛肉食性鱼类。人工养殖中经驯化可摄食配合饲料。1—3龄生长速度最快。适宜的养条件下，当年鱼苗至年底可养成商品鱼出售。常见个体体重2—3千克，现有最大鱼体6千克记录。

3.生活习性

大口鲶属底层鱼类，白天大多成群潜伏在池底，夜间分散出来活动。南方大口鲶性情温顺，不善跳跃，不钻泥，容易捕捞。

4.繁殖特性

大口鲶的性成熟一般为4龄，产卵季节为每年的3月—6月，产沉性卵，卵具黏性，每公斤亲鱼可产卵1万粒左右。最适繁殖水温为20℃—23℃，在江河沙石底质的激流浅滩处产卵。在22℃—23℃水温条件下，受精卵经36—40小时可孵出。

（二）养殖条件

1.溶解氧条件

水中溶氧3mg/L以上时，南方大口鲶生长正常；水中溶氧低于2mg/L时，开始出现浮头。水中溶氧低于1mg/L时，将导致死亡。

2.适宜的水温条件

温水性鱼类,生存适宜水温为0℃—38℃,最适生长水温25℃—28℃。

3.适宜的养殖方式

池塘养殖(单养或套养)。

十五、长吻鮠

长吻鮠是鲿科、鮠属鱼类,又名"江团",广泛分布于我国各大水系。长吻鮠肉嫩刺少,口感爽滑,非常鲜美。民间有"不食江团,不知鱼味"之说,特别是长吻鮠的鳔十分肥厚,干制成"鱼肚"是享誉中外的珍肴。

(一)生物学特征

1.形态特征

吻似长锥形,向前突出;口下位,呈新月形,唇肥厚;眼小,须4对;上、下颌均具数行锋利细齿;体粗且长,腹部较圆,尾部侧扁;体表光滑无鳞,侧线平直;背、胸鳍均具发达的锯齿状棘刺,脂鳍肥厚;体色背部青灰色(个别淡红色),腹部白色。

图17　长吻鮠

2.食性与生长

长吻鮠在不同生长阶段食性不同，体长20厘米以下的鱼为杂食性，主要以虾、水生昆虫、周丛生物、高等植物的碎片和藻类等为食；体长20厘米以上的鱼为肉食性，主食小型鱼虾类、水生昆虫和底栖无脊椎动物等。人工饲养下，经驯化可食配合饲料。

长吻鮠一般体重3—3.5千克，最大体重为15千克以上。适宜的养殖条件下生长更迅速，当年鱼可长到200—250克，第二年可长到1000克以上，第三年可长到1500克以上。

3.生活习性

底栖性鱼类，性温和，喜集群，不善跳跃，畏光，在池塘中数十尾到上百尾的群体，常栖息于池边角水底层或有坑洞的荫蔽处，但觅食时也到水体中、上层活动。遇凶猛鱼类攻击时，背鳍和胸鳍张开相对，作自我防卫。

4.繁殖习性

人工饲养下，3龄长吻鮠即可达到第一次性成熟，每年5月—6月产卵，分批产卵，受精卵具黏性，无色透明。亲鱼具护卵特性。

（二）养殖条件

1.溶解氧条件

溶氧量在5mg/L以上生长良好，2.5mg/L以下时则出现浮头。

2.适宜的水温条件

长吻鮠生存水温范围广，在1℃—38℃均能生存，但生长最适宜的水体温度为25℃—28℃。当水温10℃以下或31℃以上基本停食。

3.适宜的养殖方式

池塘微流水主养和池塘单养。

十六、鳜鱼

鳜鱼是鮨科、鳜属的鱼类,又名桂鱼、鲈桂、桂花鱼,中国"四大淡水名鱼"之一。肉多刺少,肉实而味鲜美,在我国分布极为广泛,种类也很多,常见的有翘嘴鳜和大眼鳜两种,是淡水鱼中的上等食用鱼。

(一)生物学特征

1.形态特征

鳜鱼身体侧扁,背部隆起,身体较厚,尖头、大嘴、大眼,鳞细小、圆形。体色黄绿,腹部灰白,体侧有不规则的暗棕色斑点和斑块;自吻端穿过眼眶至背鳍前下方有1条狭长的黑色带纹;奇鳍上均有暗棕色的斑点。

图18 鳜鱼

2.摄食与生长

肉食性鱼类,性凶猛终生以鱼类和其他水生动物为食。鳜鱼吃食时十分仔细,吞下鱼、虾以后,会吐出鱼刺和虾壳,只把肉留在腹中。

鳜鱼的生长速度较快,在稀养和食饵充足的前提下,1冬龄鱼体可达300—800克;池塘养2冬龄后,平均体重可达900克;4冬龄后生长速度减慢。

3.生态习性

鳜鱼是底层鱼类,性凶猛,喜栖息在静水或水流缓慢的水域中,尤其是水草繁茂处数量较多。以夜间活动为主,白天一般卧于石缝、底坑中,活动较少。冬季活动量不大,爱在深水处越冬,待春季水温回升,喜在沿岸浅水处觅食。

4.繁殖习性

繁殖时间是5—8月,6月是盛期。一般雄鱼2冬龄、雌鱼3冬龄时性腺成熟,产卵期间雌鱼、雄鱼都停止摄食,分批产卵,两次产卵间隔约24小时,但一般第2次产卵量少,产卵时间多在夜间。卵为浮性卵、圆球状,怀卵量一般在4万—9万粒。

(二)养殖条件

1.溶解氧条件

水中溶氧5mg/L以上。

2.适宜的水温条件

适宜生长水温为20℃—30℃,最适合水温23℃—25℃。

3.适宜的养殖方式

池塘微流水主养、流水池单养等。

十七、乌鳢

乌鳢是鳢科、鳢属鱼类,俗称黑鱼、乌鱼、乌棒等。乌鳢营养丰富,肉质细嫩,肉味鲜美,骨刺少,生长快,个体大,是一种经济价值很高的淡水鱼类。

(一)生物学特征

1.形态特征

体呈筒状、尾部侧扁。全部披鳞,头部鳞片不规则,黏液孔发达。侧线在臀鳍上方突然下弯或断裂,前段位于体侧上部,后侧位于体侧的正中。头长,吻短钝;口大,端位,口裂斜,下颌前端突出,后端达到眼后缘下方;上、下颌、犁骨有尖锐的细齿。背鳍和臀鳍很长,后端到尾鳍基部,胸鳍长圆,末端到腹鳍中部,尾鳍圆形。全身灰黑色,头背和体背较暗,腹部较淡,体侧分布着很多不规则的黑色斑块。

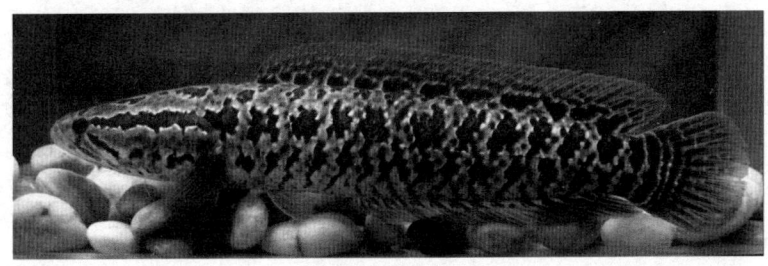

图19 乌鳢

2.食性与生长

纯肉食性,食物缺乏时有相互蚕食现象。幼鱼以甲壳类、桡足类、枝角类及水生昆虫为食。成鱼阶段主要以银鲫、刺鳅、蛙类为食。

乌鳢的生长较快,自然条件下,孵出后满一年就可长到20厘米,2年可长到30厘米,3年为40厘米;4年为45厘米左右。2—3龄的鱼,一般体重0.5千克,有的达到1千克以上,5龄鱼可重约5千克。

3.生活习性

乌鳢属底栖鱼类，喜栖息于水草茂盛的静水或缓流水的小河溪流、塘堰、水田以及湖泊、水库、江河等有水草的环境中，缺氧时可利用鳃上器呼吸空气中的氧，在缺水时，只要有一定湿度就可存活7天以上。乌鳢跳跃能力强，成鱼能跃出水面1.5米以上，6.6—10.0厘米的鱼种能跃离水面0.3米以上。

4.繁殖特性

乌鳢亲鱼的的怀卵量和鱼体大小有关，体长52厘米的亲鱼怀卵量36000粒左右，体长35厘米的亲鱼怀卵量为10000粒左右。产卵期为每年的5月下旬至6月末，产浮性卵，卵膜薄且透明，卵产在浅水区水草茂盛的地方。产卵其亲鱼具有筑巢习性，卵受精后亲鱼在鱼巢下护卵。当水温26℃时，36小时孵出仔鱼。

（二）养殖条件

1.溶解氧条件

最适的溶氧量为5mg/L以上，正常呼吸所需要的溶氧量不低于3mg/L。

2.适宜的水温条件

在水温20℃时，乌鳢生长最快。水温15℃以下，生长便逐渐停止，进入冬眠，水温升达15℃以上，又开始觅食与生长。

3.适宜的养殖方式

池塘生态养殖、工厂化养殖、庭院养殖模式。

十八、丁鱥

丁鱥属鲤科的丁鱥属鱼类，又名丁桂鱼，广泛分布于欧洲内陆河流、湖泊，在我国分布于新疆。因其肉质好而深受消费者欢迎，市场前景看好。

(一) 生物学特征

1.形态特征

背部淡黄色或黑褐色,腹部灰白,各鳍灰黑色。体略高,腹部圆,侧扁。尾鳍不分叉,其他鳍呈圆形,各鳍大体灰黑,身体金黄。口颇窄,口裂稍向上倾斜,口角处有1对短须,咽齿1行,齿面中央有一沟,齿端略呈沟状。嘴两角有各一条小触须。体被小圆鳞,鳞细,排列紧密,深藏于厚皮下,使其如鳗鱼光滑。侧线完全,上部颜色较深,下部较浅。吻部有一对极短的唇须,背鳍短,鳍条无硬刺,其起点位于腹鳍起点之后。胸、腹鳍呈扇形,尾鳍平截或微凹。

图20 丁鱥

2.食性与生长

丁鱥的食性为杂食性,鱼苗期主食浮游动物。人工驯养后食配合颗粒饲料。

在自然条件下,丁鱥最大可长至7500克左右。人工饲养条件下,第一年鱼种培育可达50—100克;第二年可养成400—500克的商品鱼。

3.生活习性

喜栖息于水草多的淤泥底质的静水处,对水中含氧量变化适应能力强,喜欢在水草丰富、溶氧充足的鱼塘、山塘、水库、江河、湖泊等水域中生活。皮肤具有呼吸功能,离水可长时间不死亡。耐寒能力较强,常夜间活动,在北方冬季会钻入泥底越冬,将身体埋于泥中呈休眠状态。

4.繁殖特性

雄鱼一般1—2年性成熟,雌鱼一般2—3年性成熟,繁殖期为5—7月,多次产卵鱼类,多于夏季产卵,在一个生殖季节通常每条雌鱼可产卵3—4次,在水温适宜的条件下,甚至可以达到5—8次。两批产卵间隔为15—22天。大于1千克体重的雌鱼通常有200×10^3粒/千克—400×10^3粒/千克的怀卵量,最少也有50×10^3粒/千克的怀卵量,一条15—40厘米长的雌鱼的产卵量为50×10^3—700×10^3粒卵;5—7龄的成熟系数和产卵量最高。

(二)养殖条件

1.溶解氧条件

溶氧量应高于4mg/L以上。但该鱼耐低氧,皮肤具有呼吸功能,离水可长时间不死。

2.适宜的水温条件

在0℃—40℃水中均可存活,生长适温20℃—28℃最佳。

3.适宜的养殖方式

池塘主养、池塘套养、河流、湖泊、水库养殖。

十九、鳊

鳊属鲤形目，鲤科，鲌亚科，鳊属。又名鳊鱼，鯿，草鳊等。广泛分布于中国各地江河、湖泊中，肉质嫩滑，味道鲜美，营养价值高，深受消费者的青睐，是我国主要淡水养殖鱼类之一。

（一）生物学特征

1.形态特征

鳊头小而尖，鱼体侧扁，体被高，背部隆起，体呈菱形。口端位，下颌比上颌稍短；无须；眼侧位；侧线完全，于体侧中段微下弯；尾柄短，尾鳍深叉形；腹面从胸鳍基部至肛门有腹棱。鱼体背部呈青灰色，体侧、腹面呈银白色，各鳍条为灰白色，边缘呈灰黑色。

图21 鳊

2.食性与生长

鳊幼鱼期和成鱼期食性不同，幼鱼属杂食性，成鱼属草食性。主要以枝角类、甲壳动物、浮游藻类及浮游动物、底栖动物和水生植物碎片及高等水生植物为食。

鳊是中型鱼类，生长速度较快，常见个体为200—500克。1

龄鱼体长10厘米左右，重50—200克；2龄鱼体长20厘米左右，重200—500克；3龄鱼体长25厘米左右，重达500—1 500克；后期生长速度缓慢，最大个体可达2 000克以上。

3.生活习性

鳊幼鱼喜生活在湖泊或水流缓慢的浅水区；成鱼喜生活在水生植物茂盛的江河、湖泊中，喜在有大岩石的流水中活动，喜到风口处游动采食，入秋后到水体中下层活动，越冬时多群集于河床或湖泊的深处，摄食少。

4.繁殖特性

繁殖季节的长春鳊分批产卵，亲鱼在每年5月—8月在有一定流水的场所繁殖，6月底—7月初为繁殖盛期。产漂流性卵。鳊在不同地区性成熟年龄不同，长江流域为2龄，北方为3—4龄。2冬龄亲鱼的怀卵量为28 000粒—90 000粒，4冬龄鱼为94 000粒—260 000粒。

（二）养殖条件

1.溶解氧条件

适宜的溶氧范围在4.0—8.5mg/L，耐低氧能力差。

2.适宜的水温条件

生存水温在0℃—35℃，最佳温度为16℃—28℃。

3.适宜的养殖方式

池塘混养、湖泊、水库混养。多与"四大家鱼"、鲤鱼混养，单独放养较少。

二十、泥鳅

泥鳅属鳅科、泥鳅属鳅类。分布广泛，常生活于淤泥较深的沟中，味道鲜美，素有"水中人参"之称，药用功效显著，是我国的传统外贸出口水产品。养殖效益好，是一种很好的水产养殖品种。

（一）生物学特征

1.形态特征

身体为长圆柱形，尾部侧扁。头尖，口小，唇软，唇上有小突起。须5对。鳞片极小，埋于皮下，尾鳍圆形，尾柄上下边缘具皮膜。一般背部和体侧均呈现灰黑色，体表布有黑色斑点，腹部为灰白色或淡黄色，尾鳍基部上方有一大的黑斑，头部、背鳍及尾鳍上具黑色小斑点。体表附有黏液。

图22 泥鳅

2.食性与生长

泥鳅为杂食性鱼类,主要以浮游动物、水生昆虫、水蚯蚓、小鱼虾、小螺蚌等动物性饵料和嫩植物有机碎屑等植物性饵料为食。当主食物不足时,有同类相残现象。

泥鳅体型小,常见体重约10克,最大的个体达80克。在最适生活环境中,泥鳅日平均增重0.2克左右。在人工饲养中,一般体长2—4厘米的泥鳅,月增长1.3到1.6厘米,当年苗种可长成体长10厘米左右、重10克左右的商品鳅。

3.生活习性

泥鳅属底层鱼类,多栖息于静水及水体有软泥的底层。除用鳃呼吸外,还能用肠道壁呼吸,具有昼伏夜出的习性。

4.繁殖特性

泥鳅一般1龄时开始性成熟。繁殖季节是4—9月,6—7月为繁殖盛期。其怀卵量的多少与雌鳅的个体大小有关,一般体长10—15厘米的个体怀卵量为7 000—10 000粒;体长20厘米,怀卵可达2.5万粒。通常情况,19℃以上开始产卵,24℃左右产卵量大,繁殖活动强烈。泥鳅是一年多次产卵的鱼类,产卵常在雨后夜间进行,有时白天也产卵,卵较小,卵黄色。泥鳅卵有黏性,但黏附力不强,卵在水中受精后,黏在水草或水中杂物上孵化,落入水底的受精卵也能孵出仔鳅。

(二)养殖条件

1.溶解氧条件

要求水体溶氧值大于4.0mg/L,但也能耐低氧,当水中溶氧降到0.16 mg/L时,仍能生存。

2.适宜的水温条件

泥鳅在水温为5℃—35℃的范围内均能正常生活，但最适合生长的水温范围为5℃—28℃，当水温高于30℃时，泥鳅会钻进淤泥避暑；水温低于5℃时，钻进泥土冬眠。

3.适宜的养殖方式

池塘养殖、坑塘养殖、稻田养殖。

第二节 甲壳类

一、南美白对虾

南美白对虾，属节肢动物门，甲壳纲，十足目，游泳亚目，对虾科，滨对虾属，又称凡纳滨对虾。南美白对虾原产于南美洲，在秘鲁北部至墨西哥湾沿岸广泛分布。作为我国引入的养殖种类，具有生长快，肉质细嫩，肉味鲜美，抗病能力强，适温范围广等优点，是一种优良的淡化养殖品种，现已逐渐成为我国南方的主要经济养殖虾。

（一）生物学特性

1.形态特征

南美白对虾外形类似中国对虾，体长而略侧扁，一般情况下体色为青蓝色或淡青灰色，全身不具斑纹，甲壳较薄。虾体由头胸部和腹部组成，头胸部比较短，由5个头节和8个胸节愈合而成。腹部比较发达，具7个体节，由于腹部的各节间有膜质关节，所以下腹部能屈伸自如。胸部由3对颚足和5对步足组成的8对附肢，颚足基部有鳃的构造，具有辅助呼吸的功能。步足末端似钳状或爪状，作为爬行器官的同时也具摄食功能。腹部的6对附肢主要发挥游泳功能，且第六附肢宽大，与尾节合称尾扇。

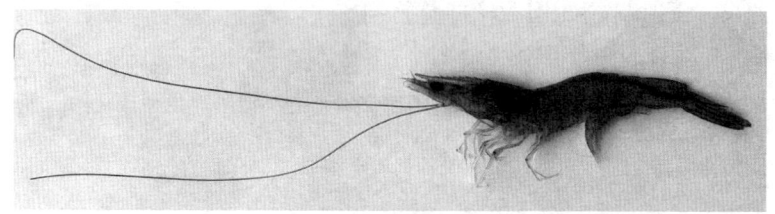

图23　南美白对虾

2.食性与生长

杂食性。在自然条件下，海区中营浮游生活的幼虾植物性饵料在食物组成中占比较高，经变态为发育成成虾后，各种动、植性饵料均能被摄食。在人工饲养中，可给幼虾饲喂卤虫、轮虫、蛋黄和人工配合饲料；成虾可用人工配合饲料和鲜鱼贝类饲喂。

南美白对虾终生伴随着脱壳而生长，其生长速度较快，人工养殖条件下，两个月即可由1厘米的虾苗养至10—12厘米长的成虾。

3.生活习性

南美白对虾喜生活在沿海近岸，浅海湾和江河入口咸淡水地区，昼伏夜出。幼体和仔虾营浮游生活，在浅水区觅食。成虾喜栖息在饵料丰富、光线较弱的水体中下层，成虾自然栖息区多为泥质海底。

4.繁殖特性

在不同分布区南美白对虾的繁殖期不同，在厄瓜多尔北部沿岸其繁殖期为每年4月—9月，而秘鲁中部沿海一带，繁殖高峰期为每年的12月至次年的4月。南美白对虾一般1龄以上便有怀卵的个体出现。交配时间多在产卵前的两到十几小时的日落时分。交配时，雄虾靠近雌虾，在雌虾下方同步游动，然后转身向上抱住雌虾，将精荚粘到雌虾的第3步足至第5步足位置上。若交配失败，雄虾会重复上述动作继续进行交配。

（二）养殖条件

1.溶氧条件

溶解氧在6—8mg/L时，南美白对虾的生长速度较快；在粗养池塘中，溶解氧可维持在4.0mg/L左右，但不得低于2.0mg/L。

2.适宜水温条件

南美白对虾为热带虾种，养殖适宜温度为23℃—32℃。18℃时停止摄食，9℃时开始出现死亡。

3.适宜养殖方式

池塘养殖、围网养殖等，其中以池塘养殖最为简便易行。

二、克氏原螯虾

克氏原螯虾，也称红螯虾和淡水小龙虾，隶属节肢动物门、甲壳纲、十足目、螯虾科、原螯虾属。原产于北美洲，20世纪70年代引入我国，因其杂食性、生长速度快、适应能力强、肉质鲜美，近年来在我国已经成为重要的经济养殖品种。

1.形态特征

克氏原螯虾体长而扁，性成熟个体暗红色或深红色，未成熟个体淡褐色、黄褐色等，常见个体全长3.5—12.5厘米。虾体由20节组成，包括头胸部和腹部，体表披一层尖硬的几丁质外壳。头胸部稍大，背腹略扁，头胸部与腹部连接。头部有触须3对，触须近头部粗大，头尖端小而尖。胸部有5对步足，第1对步足到第3对步足末端似钳状，第4对步足到第5对步足末端似爪状。第2对步足尤为发达，形成很大的螯，雌性的螯没有雄性的发达。雌虾在抱卵期和孵化期，尾部5片强大的尾扇都向内弯曲。尾部有5片强大的尾扇，雌虾在抱卵期和孵化期，尾扇均向内弯曲。

图24 克氏原螯虾

2.食性与生长

克氏原螯虾为杂食性动物，食性很广。幼虾摄食轮虫等小型浮游动物，随着虾体不断长大，摄食较大的浮游动物、底栖动物和植物碎屑。成虾兼食动植物，主食植物碎屑、动物尸体，也摄食水蚯蚓、摇蚊幼虫、小型甲壳类及一些水生昆虫。

幼虾到成虾共经历11次蜕壳，蜕壳后，最大体重增加量可达95%，新的体壳于12—24小时后硬化。在水温25℃—30℃条件下，饲养6—8个月，体重可达60—150克。

3.生活习性

喜栖息于水草、树枝、石隙等隐蔽物中。昼伏夜出，喜阴怕光，在正常条件下，白天多栖息于水中较深处，活动少，夜幕来临时开始活动，多在浅水边聚集觅食。受到惊吓后会逃回深水中。克氏原螯虾喜爬行，不善游泳，觅食和活动时向前爬行，受惊或遇敌时迅速向后，弹跳躲避。

4.繁殖习性

为一年多次产卵类型，在天然环境中9—12月龄性成熟，交配季节一般可从4月持续到9月，群体交配高峰在5—7月，产卵的时间可持续6个月，一年可产卵3—4次。怀卵量一般在100—700粒，平均300粒。

（二）养殖条件

1.溶氧条件

水体溶氧保持在3mg/L以上即可满足其生长所需。离开水体能成活一周以上。

2.适宜水温条件

克氏原螯虾在10℃—30℃水温范围内均可正常生长发育。能耐受40℃以上的高温，也可在-14℃严寒低温下平安越冬。

3.适宜养殖方式

池塘主养、河道放养、湖荡养殖、稻田专养、稻虾轮作模式等。

三、中华绒螯蟹

中华绒螯蟹属节肢动物门、甲壳纲、十足目、爬行亚目、方蟹科、绒螯蟹属。俗称河蟹、大闸蟹等，是中国传统的水产珍品，具有很高的经济价值。

图 25　中华绒螯蟹

（一）生物学特征

1.形态特征

中华绒螯蟹头部和胸部结合而成的头胸甲呈方圆形，质地坚硬。身体前端长着一对眼，最前端的一对附肢为螯足，表面长满绒毛。雌雄可从它的腹部辨别：雌性腹部呈圆形，雄性腹部为三角形，成蟹背面墨色。

2.食性与生长

杂食性动物。在天然水域中，摄食的动物性饵料主要是螺、蚬、蚌、蠕虫和水生昆虫、动物尸体；植物性饵料有眼子菜、苦草、浮萍等；在人工饲养条件下，可吃人工配合饲料。一般在水温10℃左右开始摄食，20℃—28℃摄食旺盛。

经历6个月由大眼幼体长成2—15克的幼蟹（扣蟹），幼蟹经历10个月即可长成80—200克商品蟹。

3.生活习性

喜生活在湖泊、江河的泥岸或滩涂的洞穴里，或躲藏在有石砾和水草丛的区域生活，昼伏夜出。

（二）养殖条件

1.溶氧条件

池水溶氧保持在5mg/L以上，低于5mg/L会影响生长。

2.适宜水温条件

生活水温20℃—28℃，适宜生长水温20℃—22℃。

3.适宜养殖方式

湖泊围栏养殖、池塘养殖和稻田养殖。

第三节　两栖类

一、大鲵

大鲵隶属脊索动物门、两栖纲、有尾目、隐鳃鲵科、大鲵属，因它的叫声像小孩的哭声，故又得名"娃娃鱼"，是我国特产的大型两栖动物，具有很高的食用及药用价值，也是世界上现存最大的两栖动物，被国家列为Ⅱ类重点保护动物。

（一）生物学特性

1.形态特征

体呈扁筒状，由头、躯干、四肢及尾四部分组成。头部背腹部扁，口裂宽大，具犁骨齿和颌齿。有外鼻孔一对，头顶及腹面有疣状突起。有颈褶和侧褶，疣粒沿皮肤褶纵分布。泄殖孔位于躯干部后端。具两对附肢,后肢长,前肢四指,后肢五指,指间具蹼。体表光滑,皮肤湿润。

图26 大鲵

2.食性与生长

大鲵属肉食性动物,幼体以小型无脊椎动物如小蟹、水蚤、昆虫幼虫等为食;成体以泥鳅、蛙类、蟹和小鱼为食。人工驯养也食配合饲料。

在自然条件下,大鲵5年左右能从400—500克增长到2 500克。人工养殖中,若饵料充足,1年即可。工厂化养殖通过人为控温条件下,大鲵全年都可以生长,体重1000克左右的大鲵,日增重量可达8—10克,月增重量可达300克。体重2 000克左右的大鲵日增重量可达10—15克,年增重量可达3 000—4 000克。

3.生活习性

大鲵属变温动物,喜在水体中下层活动。成鲵喜清静,怕声、惧光。幼鲵喜群居,成鲵多单独分散活动,穴居时不集群。昼伏夜出，常在夜间觅食，发现食物后突然出击一口咬住，待食物失去活力后吞下。

4.繁殖习性

大鲵为卵生，体外受精，每年产卵一次。一般4—5龄性成熟，性腺发育具有周期性变化。雄鲵的性腺一般秋季成熟，有护卵习性；而雌鲵的性腺一般在夏季成熟，产出的卵呈念珠状，每次产卵数为300—1 500粒。

（二）大鲵养殖条件

1.溶氧条件

溶氧保持5mg/L以上，不得低于3mg/L。

2.适宜水温条件

适宜生长水温范围为10℃—25℃，最适宜生长水温范围为16℃—23℃。当水温低于10℃或高于25℃时，食欲降低，生长速度降低，甚至停止生长。

3.适宜养殖方式

工厂化养殖、仿生态养殖和原生态养殖等。

二、棘胸蛙

棘胸蛙属于两栖纲、无尾目、蛙科、棘蛙属，俗名石蛙、石鸡、石冻、石麟、坑蛙等，分布在我国的南方各省。因其肉质细嫩鲜美，营养价值和药用价值均高，颇为广大消费者青睐，是我国南方一种优良的食用蛙。但由于生活环境的变化和人为因素的影响，野生棘胸蛙已寥寥无几，目前市场上销售的棘胸蛙主要来源与人工养殖。

(一)生物学特性

1.形态学特征

棘胸蛙体形肥大壮硕,与虎纹蛙、棘腹蛙基本相似。其皮肤表面粗糙,背部布满黑色的小刺疣,又与蟾蜍相似。雄性棘胸蛙背部有长短不一的刺疣,连接成行,但排列无规则,且中间穿插分布着许多的小圆疣,胸部布满分散的黑色大刺疣,腹面呈淡黄色。雌性棘胸蛙背部有分散的小圆疣,但是胸部无大刺疣,腹部光滑而呈白色。

图27　棘胸蛙

2.食性与生长

杂食性。自然状态下,只捕食活动的动物。经人工驯食,可摄食配合饲料。

刚变态的棘胸幼蛙体长2.0—2.5厘米,重3—4克。幼蛙阶段生长速度快,第一年体重可达20—40克,翌年达80—150克,第三年上半年可增至160—200克。雄性个体的生长速度快于雌性个体。雄性个体最重可达750克，雌性个体最重达600克左右。

3.生活习性

棘胸蛙为水陆两栖性，喜欢栖息在树木茂密、环境阴凉的溪流和山涧之中，它们的活动范围只限于洞穴周围。一般昼伏夜出，白天在石洞中，偶尔出洞活动，洞口有草木遮掩。空气闷热而干燥时，棘胸蛙就会跳出洞口出来活动，发出强有力的鸣叫声。棘胸蛙具有冬眠的习性，夏天水温超过30℃时会出现夏眠。

4.繁殖特性

1冬龄性成熟，水温20℃以上开始产卵，最适水温24℃—28℃，一年产一次。产卵期在5—9月，盛期为6—7月。卵圆球形，具黏性，外包一层厚的胶质膜，产出的卵常黏连成块状或成串的黏附在近水面的石壁上或水中的树根、草根上。卵的动物极黑色，植物极灰白色。

（二）棘胸蛙养殖条件

1.溶解氧条件

水体溶解氧保持4mg/L以上。

2.适宜的水温条件

棘胸蛙养殖要求水温相对稳定，常年水温在1℃—26℃均可正常生长发育，适宜生长水温为10℃—26℃，最高水温不宜超过28℃。

3.适宜的养殖方式

封沟养殖、仿生态养殖和工厂化养殖。

三、黑斑蛙

黑斑蛙是蛙科、侧褶蛙属的两栖动物，俗称青蛙、田鸡。生活在沿海平原至海拔2 000米左右的丘陵、山区，常见于水田、池塘、湖泽、水沟等静水或流水缓慢的河流附近。黑斑蛙肌肉肉质细嫩，营养丰富，是我国重要的经济蛙类之一。

（一）生物学特征

1.形态特征

背面皮肤较粗糙，背侧褶明显，后背、肛周及股后下方有圆疣和痣粒，腹面光滑。头长大于头宽；吻部略尖，吻端钝圆，突出于下唇；吻棱不明显，颊部向外倾斜；鼻孔在吻眼中间，鼻间距等于眼睑宽，眼大而突出，眼间距窄，小于鼻间距及上眼睑宽；鼓膜大而明显，近圆形；舌宽厚，后端缺刻深。

图28　黑斑蛙

2.食性与生长

肉食性动物，蝌蚪时期主要以浮游生物为食物，成蛙捕食蝗虫、蝼蛄、稻螟虫等。

头体长24.5毫米，体重1.43克的幼蛙，90天左右其头体长35

毫米，体重平均3.5克。经9个月生长头体长可达65毫米，体重达25.2克。

3.生活习性

白天隐匿在农作物、水生植物或草丛中。黑斑蛙善于跳跃和游泳，受惊时能连续跳跃多次至进入水中，并潜入深水处或钻入淤泥或躲藏在水生植物间，15—30分钟以后又游回岸边。

一般在11月上旬其活动能力开始降低，气温下降至13℃左右，陆续进入冬眠，冬眠场所多在向阳的山坡、春花田、旱地及水渠、河、塘岸边的土穴或杂草堆里，潜伏深度10—15厘米。经过5个月左右的冬眠期，早春时节，当气温回升到10℃以上时，冬眠的成蛙开始出蛰，出蛰后即开始繁殖。

4.繁殖特性

在繁殖季节，雄蛙常常群集于繁殖水域内，尤其是黎明或黄昏时鸣叫声此起彼伏，发出"咯咯"的鸣声，雌蛙闻其鸣声到繁殖场所配对。雄蛙用前肢抱住雌蛙胸部，伏在雌蛙背部，多则1—2天，少则几小时，在交配中有的雄蛙下唇、内指，雌蛙的胸部被磨破出血。

繁殖期一般3月下旬到6月下旬，5月下旬和6月上旬是产卵高峰期。每只雌蛙一年产卵一次，每一卵群有卵670—6 300粒，以3 000—5 000粒居多。卵群呈团状，漂浮在水面或黏附在水生植物间；有的个体在产卵时受到干扰，则分成多次产卵或卵团受水波的冲击被分散成小团，有的沉入水底。

（二）养殖条件

1.溶解氧条件

水体溶解氧保持4mg/L以上。

2.适宜的水温条件

生长适宜水温为20℃—30℃,最适水温为25℃—28℃。10℃以下,摄食与活动逐步减弱;5℃以下,钻入洞穴或池底淤泥中冬眠。水温32℃以上,活动明显减弱;超过35℃时会陆续死亡。

3.适宜的养殖方式

封沟养殖、仿生态养殖和工厂化养殖。

第四章
池塘养殖实用技术

第一节 养殖水体识别与管理

评价一个池塘水质的好坏以及是否适合鱼类的生长,需要考虑很多方面因素,如温度、透明度等物理因子,碱度、氨氮、亚硝酸盐、溶氧等化学因子,藻类、浮游动物、病原菌等生物因子,还有光照、海拔、气候环境因子。在生产实践中,比较便捷的方法是检测养殖水体的pH、氨氮、亚硝酸盐。

一、养殖水体的三大主要指标

养殖水体的三大主要指标是pH、氨氮、亚硝酸盐。

pH是反映水质状况的一个综合指标,能够反映养殖水体中藻类及二氧化碳、氨及硫化氢等的存在状态,如pH上升会导致毒氨比例上升;pH下降会引起铁离子和二硫化氢浓度升高,从而影响鱼类的生长。氨氮、亚硝酸盐是池塘养殖检测的常用指标,氨氮高、亚硝酸盐高会导致养殖鱼类中毒,甚至死亡。

通过对这三大指标的检测,结合对鱼塘的感官评价,能大体判断出养殖池塘水质的主要问题。

（一）pH 对水生生物及水质的影响

1. 养殖水体pH的划分

pH是养殖水质状态的晴雨表，通过监测pH，可以深入了解水质及鱼虾的状态，进而采取相应的技术调控措施，是养殖水质管理的重要手段。养殖水体的酸碱性通常作如下划分：

表7　养殖水体的酸碱性

序号	酸碱性	pH
1	强酸性	<3
2	酸性	3—5
3	弱酸性	5—6.5
4	中性	6.5—7.5
5	弱碱性	7.5—8.5
6	碱性	8.5—9.5
7	强碱性	>9.5

对水产养殖而言，pH为7.5—8.0的微碱性条件是大多数养殖鱼类获得稳产、高产较为理想的酸碱度。pH过高或过低，都对鱼类有直接的损害，甚至会造成死亡。

2. pH过低

（1）pH过低的危害

pH过低，浮游动植物不易繁殖，影响浮游植物的光合作用，微生物的生命活动受到抑制，导致整个水体的物质代谢和转换受到影响，使水体透明度加大，易引起缺氧。当pH<6时，水中90%以上的硫化物以硫化氢的形式存在，且硫化氢的毒性和pH有协同作

用，pH越低，危害越大。

pH过低，尽管水中溶氧量正常，但鱼、虾仍然在水面浮头表现缺氧症状。鱼、虾在酸性条件下，血液中H^+离子浓度增加，pH下降，从而引起酸中毒，使体内许多酶的功能及血红蛋白、血蓝蛋白运输氧的功能发生障碍，致使鱼、虾组织内缺氧，造成缺氧症。长时间pH过低，会引起鱼鳃部溃烂，引起浮头。当pH<4.4时即会引起鱼类死亡，死亡率约7%—20%；当pH<4.0时，会导致鱼类的全部死亡。此外，在酸性条件下，鱼类对传染性病特别敏感，易患传染性疾病和寄生虫病。

（2）水体pH过低的判断

一般认为是pH<4，水体透明度明显增加，鱼类体色发白；水生植物的颜色为白色或者褐色；显微镜下可见许多死亡和濒临死亡的藻细胞。

（3）引起pH过低的原因

如果不是外来的特殊污染造成养殖水体的pH偏低，则可能的原因是：①水体中二氧化碳及腐殖质偏高或者溶解氧不足、硬度较低；②水体养殖密度过大，植物光合作用不强，抑制了微生物的繁殖，导致整个养殖生态系统的物质代谢缓慢。

（4）调控技术

①因酸性土壤造成的pH偏低，可在清塘时加大生石灰的用量；如果在养殖期内，可选择少量多次施用生石灰进行调节。

②因水体中大量有机质分解造成的pH偏低，可全池泼洒生石灰进行调节。

③使用底质改良剂、益生素、EM菌等，促进有机物的良性分解，阻止其分解产生腐植酸。

3.pH过高

（1）pH过高的危害

pH过高，水中蓝绿藻等有害浮游植物会过度繁殖，pH高于8.8时，水体中的铵会以分子氨形式存在，分子氨对鱼虾是剧毒，且高pH，又会增大氨的毒性。

水体pH过高会直接导致鱼、虾血液的pH升高，引起碱中毒，造成鱼、虾血液的缓冲系统失衡；腐蚀皮肤及黏液，导致鱼体大量分泌黏液，影响呼吸，使鱼类因应激反应而狂游乱窜。pH过高时，强碱性水体会腐蚀鱼虾鳃组织，造成鱼虾呼吸障碍。水体pH>10.4会引起鱼类死亡，死亡率达20%—89%；pH>10.6时，死亡率高达100%。

pH过高还会影响微生物的活性，使其对有机物的降解能力减弱，从而影响水体中物质的循环及再吸收利用。

（2）水体pH过高的判断

一般认为是pH>9，水体中鱼类体表黏液增多甚至能拉成丝；鳃部有大量的分泌物凝结、鳃盖腐蚀损伤；极易受到刺激而狂游乱窜；水体出现许多死亡和濒临死亡的藻细胞。

（3）引起pH过高的原因

若无外界特殊物质如农药、工厂排放物等进入水体导致水体pH过高，则可能是①藻类大量繁殖导致二氧化碳被大量消耗；②池塘内氨氮积累量大；③投饲量过多、排泄物多等。

（4）调控技术

①对于藻类大量繁殖的池塘，可在傍晚时分全池泼洒藻苔净，连用2天，泼洒当晚注意增氧，第三天泼洒解毒安解毒。

②对于有氨氮大量积累的池塘，可先全池泼洒护水宝，降低水

体pH，再用除氨硝降低水体氨氮的含量。

③对于投饲量多、排泄物多的池塘，可使用益生素、EM菌等调节水质。

④适时泼洒生石灰调节水体的pH，同时增加水体钙含量。

⑤适量使用复合芽孢杆菌、益生活水素、EM菌等微生态制剂调水，可有效降解水中氨氮、亚硝酸盐等有毒有害物质，杀灭有害菌。

（二）氨氮对养殖动物的危害及处理措施

1.鱼类氨氮急性中毒的症状

鱼类氨氮急性中毒时将造成鱼类大批死亡，主要症状如下：

（1）鱼群出现挣扎、游窜现象，时而有下沉、侧卧、痉挛等症状。

（2）体色变浅，体表的黏液增多。

（3）呼吸急促，鱼口时而大张不能速度闭合。

（4）鳃盖部分张开，鳃丝呈紫黑色，有时出现流血现象。

（5）鳍条舒展，基部出血。

2.处理氨氮过高的措施

（1）换水法

排出部分含有氨氮的塘水，加注"新水"是解决塘水氨氮过高最快的方法（氨氮<2，最好<1）。但需要注意：给塘口加注新水（不超过15厘米/次）意味着养殖环境会发生改变，养殖本体会出现应激反应，要做好抗应激；应选择温差不太大的晴天加注新水，切不可在恶劣天气下换水。

（2）增氧法

适时打开增氧机，增加塘底的氧气量，加快硝化反应；加快水生植物的光合反应,让他们吸收塘水中的氨氮。

(3)化学方法

用药品、光合细菌(含硝化细菌)等使之与水体底部的氨氮源发生强氧化还原反应分解氨氮,俗称改底。

(三)亚硝酸盐对养殖动物的危害及处理措施

1.亚硝酸盐过高的危害性

亚硝酸盐主要通过鱼虾的呼吸作用,将正常的血红蛋白氧化成高价血红蛋白,使血红蛋白的输氧能力下降,导致鱼虾缺氧甚至窒息死亡。多数鱼虾出现厌食现象的原因之一就是亚硝酸盐过高。

2.亚硝酸盐中毒的症状

鱼体厌食;体色变深,鳃丝呈暗红色;游动缓慢,反应迟钝;呼吸急促,经常上水面呼吸。

3.处理亚硝酸盐过高的措施

(1)减少来源

减少池塘氨氮输入的主要措施是定期清塘晒塘,以减少养殖池塘中废弃有机物的积累。减少投喂饲料的量或停止投喂饲料也可以有效减少亚硝酸盐的产生。

(2)物理化学法消解

①增加氧气或使用化学增氧剂

在溶解氧充足的环境下,亚硝酸盐可转化为硝酸盐。因此,可采用加注新水、开启增氧机、混合水体、机械提水或使用化学增氧剂等方法增加溶解氧,从而降低水体中的亚硝酸盐。

②吸附型改底剂

可使用具有高吸附能力的物质将亚硝酸盐吸附在其微小结构中,如:沸石粉、麦饭石、活性炭、硅胶等。

（3）生态法去除

①增加优质藻类，通过藻类的吸收，减少氨氮向亚硝酸盐的转化；提高藻类浓度，使其吸收更多的硝酸盐，从而提高亚硝酸盐转化为硝酸盐的效率，降低亚硝酸盐的含量。

②使用可以去除亚硝酸盐的微生态制剂。

二、溶氧

溶氧是水体养殖的重要指标，水体缺氧会造成鱼虾浮头，严重时会导致泛塘死亡。

（一）养殖水体中溶解氧的来源和消耗因素

1.水中溶解氧的来源

水体中溶解氧的来源主要有以下几个方面：

（1）浮游植物光合作用释放的氧。

（2）人工增氧（机械增氧、化学增氧等）。

（3）空气中氧气的溶入。

溶解氧的来源组成及比例根据养殖方法不同而存在差异：在精养池中，晴天浮游植物光合作用产生的氧可达90.3%，扩散溶入水中的氧仅为9.5%左右。富营养型的静水池塘主要来源于浮游植物光合作用产生的氧；高密度精养池塘主要来源于人工增氧；贫营养型水体及流动水体主要来源于空气中氧气的溶入。

2.水中溶解氧的消耗

水体中氧的消耗包括生物耗氧、化学耗氧及物理耗氧三个方面：

（1）生物耗氧

生物耗氧主要发生在阴天和光合作用不强的夜间，包括水生动植物及微生物进行呼吸作用消耗的溶氧,一般以底栖生物和浮游生物呼吸耗氧为主。

(2)化学耗氧

化学耗氧包括有机物的氧化分解和无机物的氧化还原消耗的氧。

(3)物理耗氧

物理耗氧一般指水体向空气逸散的氧,这一过程仅发生在水—气界面,占据耗氧很小部分。

池水中消耗溶解氧最多的在晚上,包括浮游生物、细菌的呼吸作用及水中有机物的氧化分解,可占到耗氧的72.19%,鱼类耗氧占16.1%,上层过饱和逸出的约占10.4%,底泥耗氧约0.6%。

(二)水体中溶氧的变化规律

水体中的溶氧存在昼夜、季节及垂直变化规律。

1.昼夜变化

在不进行人工增氧的池塘,上层水的溶氧量表现为下午大于早晨,白天大于夜间,且昼夜变化十分明显。表现为:白天随着浮游植物的光合作用,溶氧不断积累上升,于下午日落前达到最高值;晚上由于光合作用停止,耗氧作用依然进行,使水体溶氧不断被消耗下降,至清晨日出前达到最低水平。

下层水,特别是补偿深度以下的水体,溶解氧的昼夜变化随深度的增加逐渐减小甚至停止。

2.季节变化

冬春季节水温低、光照弱,藻类的生长繁殖受到影响,光合作用弱,产氧少;同时水中生物量也较少,呼吸及化学耗氧减少,因此,冬春季节溶氧虽然较少但变化较小。

夏秋季节水温高、光照强,藻类的生长快,光合作用强,产氧量大;但夏秋季节水体生物量大,残饵、粪便、死亡的动植物尸体等含量高、耗氧最多,水体溶氧变化大。经常出现如溶氧过饱和水区、低氧甚至无氧水区等极端溶氧水平区,是水产养殖最容易出现溶氧问题的季节。

3.垂直变化

浮游植物只能在有光线的水层进行光合作用放氧,耗氧在每一个深度都在进行,因此水体溶氧从上到下呈现上层高、下层低非均匀递减。在高温季节的深水池塘这种现象更加明显。

(三)影响水体溶氧的因素

养殖水体溶解氧的变化,主要受光线强度、温度、水深和气压等影响。

1.光照强度

天气突变会影响光照强度,光照强度降低将严重影响水生植物的光合作用,导致产氧量下降。

2.温度

温度越高,水分子之间的间隙就越小,水溶解氧的能力就越差,水中已有的氧分甚至还会被挤出释放到空气中,因此,夏季最高温季节的水体溶氧能力是最差的,也是最容易水体缺氧的,所以夏天必须防范缺氧泛塘。

冬季温度低,即使艳阳高照温度也会在低位,因此冬季自然水域水体一般不会缺氧,相对此时,温度高一些的时候,水中鱼儿或许会更舒服一些。

3.水深

水越深,水的压强就越大,深到一定程度时水压会远远大于空气中的气压，因此，水越深，空气中的氧气渗透入水的能力就越差。

淡水水体对流能力较差，太深的水往往非常缺氧。因此，最合适的养殖水深为2—3米。

4.气压

气压越低，空气相对于水来说压强变小了，水压强变相的增大，因此，空气中的氧气在渗透入水的过程中就会遭遇更大的阻力，水溶解氧的能力也就变差了。

夏季最容易出现低压天气，而冬季几乎没有；大雨或暴雨前会出现低压天气。

5.水面

水面越大，与空气的接触面就越大，溶解空气中氧气的机会就越大，水体也就不易缺氧。这也是炎热夏季时湖泊、水库等大水面很少见到鱼儿的浮头现象，而一些小水体，比如鱼塘，则鱼儿随时都有因缺氧造成死鱼的可能。水面越小，鱼儿在夏季越容易出现浮头现象。寒冷的冬天，则不受这个因素的影响。

（四）泛塘防治对策

1.科学养殖

定期清淤；适时加注新水；合理喂养及施肥；合理使用微生态制剂。

2.适时开动增氧机

一般晴天在中午开，阴天在清晨开，连阴雨天在午夜开，以增加水中溶氧，曝除水中硫化氢等有毒气体。

3.巧用化学增氧剂

当水体缺氧时，可根据鱼类浮头严重程度，适时将过碳酸钠、过氧化钙、过碳酰胺及过氧化氢等化学增氧剂直接撒入鱼类浮头集中的水域，快速增加水体局部溶氧。

4.控制投喂量

在饱食情况下，水生动物耗氧量大且易浮头。因此，当观察到鱼虾有浮头预兆时暂停投喂。

5.控制浮游动物的数量。

浮游动物大量繁殖不仅会大量消耗水体中的氧气，还会抑制水体中浮游植物的生长，导致光合作用降低，造成水体缺氧。在这种情况下，可全池泼洒90%晶体敌百虫消杀浮游动物，之后全池泼洒化学增氧剂，最后再根据水体情况培肥水质。

三、肥度

水体的肥度主要指水体中作为鱼类饵料的浮游生物的含量，如何在养殖中保持池塘合适的肥度是关系养殖生产的重要工作。

（一）利用水色判断藻类类型

浮游生物本身带有色彩，水色不同，水体中浮游生物的存在状况不同。因此，在生产中一般会根据水色将养殖水体划分为以下几个类型：

1.瘦水以及不好的水

瘦水：水色清淡，呈淡青色或淡绿色，透明度60—70厘米或以上，浮游生物少，水草及丝状藻类（水棉、刚毛藻等）较多。

不好的水：暗绿色、灰蓝色、蓝绿色水体中虽然浮游植物数量多，但多为表面具胶或纤维质的种类，不易或不能被鱼类消化利用，因此，对养鱼不利，属于不好的水。

（1）暗绿色：一般出现在天热时，水面常有暗绿色或黄绿色的油膜，藻类多以裸藻、团藻为主。

（2）灰蓝色：水体混浊度大、透明度低，以颤藻为主的蓝藻较多。

（3）蓝绿色：水体混浊度大、透明度低，天热时水面有灰黄绿色浮膜，藻类多以微囊藻、绿球藻为主。

瘦水以及不好的水需要通过投饲、施肥等手段改变水体浮游植物的种类及组成，从而改变水体类型。

2.肥水

（1）黄褐色或油绿色水：水体混浊度较小，透明度一般在20—40厘米，较为适中。水体组成以硅藻、金藻、隐藻及轮虫等易于鱼类消化利用的种类较多，也有部分枝角类、桡足类，适合养鲢、鳙等滤食性鱼类。

（2）褐色水：分为黄褐色、红褐色、褐带绿色等，这几种水色的水体中多为硅藻，也有一些栅藻、绿球藻、隐藻等。

（3）绿色水：分为黄绿色、油绿色、绿带褐色等，这几种水色的水体中多为绿藻（绿球藻、栅藻）和隐藻，少量硅藻。

3.转水

呈蓝绿色、带状或云状绿色水，也叫水华水。指水质会根据天气的变化而发生改变的水体。转水水体中一般含有大量的浮游生物，浮游植物多为裸甲藻、隐藻，容易在春末或夏秋季节晨雾浓、气压低的天气出现。

4.恶水

红褐色、棕色水，浮游植物多为红甲藻，红甲藻含有毒素，鱼类摄食后会消化不良甚至死亡。恶水未经过处理不能用于鱼类养殖。

（二）鱼池肥度识别

1.池塘溶氧的把握

鱼类对溶氧量的需求为高于3mg/L，有机物的耗氧量约为30mg/L，因此在施肥时要注意调节好水体的溶氧量。

在鱼类生长旺盛的季节，鲢鱼、鳙鱼每3—5天可轻浮头一次，最好在黎明前后浮头，日出后很快下沉。

2.浮游生物生物量的判断

水体中浮游植物的生物量要达到2 000万—5 000万个/升，浮游动物的生物量达到4 000万—5 000万个/升才能满足鱼类的生长。在实际生产中以茶褐色、油青色水为好，水体透明度在30厘米左右，此时水质肥度适中，茶褐色为施有机肥的水色，油青色为施无机肥的水色，饵料生物丰富，且溶氧高。若发现水体水色过淡、透明度过大应适当增加施肥量，反之则要减少甚至停止施肥。

3.营养盐类

天然水体中的营养盐主要有硝酸盐、磷酸盐和硅酸盐。一般情况下，营养盐类含量高，浮游生物的生物量大，水质肥沃。但营养盐类过多的水体水质太肥，耗氧量大，鱼类容易缺氧中毒。因此，在养殖生产中要适当施肥，控制好营养盐类的浓度。

（三）肥料的施用

浮游生物是否充足直接关系到鱼塘产量的高低，瘦水养鱼池施肥可以提高浮游生物的数量，达到增产的效果。在施肥时，施肥量的多少，要根据肥料的效应、池水原有肥度及所养品种的耐肥力确定。

1.施无机肥

施用无机肥的标准为：氮在水体中的浓度为1—2mg/L，磷在水体中的浓度为0.1—0.2mg/L。通过施肥使水中氮、磷比保持在7∶1至

10∶1。施肥用量一般为每亩尿素和过磷酸钙各3—5千克,具体施肥量需根据水体中原有的氮、磷含量灵活调整。

2.施有机肥

施用有机肥时每500千克鱼产量施1 500千克以上。具体施用时,采取少量多次的原则,每次每亩施100千克左右,7—10天追肥一次,其基肥每亩可施250—300千克腐熟的粪肥或200—250千克的绿肥。

(四)施肥注意事项

施用有机肥,需要经充分发酵腐熟,施追肥时有机肥和无机肥宜混合使用,夏季高温天气避免使用有机肥,以防败坏水质。

追肥要选择晴天进行,施用后,要及时开启增氧机增氧。气温较高、阴雨连绵等天气或有鱼病发生时,要少施肥料甚至不施肥。

无机肥多呈酸性,忌与草木灰、生石灰等碱性肥料混合使用;施用有机肥的水一般会呈酸性,需定期使用生石灰进行调节。

四、水体混浊

(一)养殖水体水质混浊的危害

1.水体透明度降低,影响浮游植物的生长,从而导致光合产氧减少,水体溶解氧低,不利于鱼类的生长,严重时甚至引起鱼类浮头。

2.水中过多的悬浮物黏附在鳃上,刺激鳃丝分泌黏液,影响鳃的正常呼吸功能,导致鱼类的生长放缓,饵料系数增大,严重时甚至诱发鱼类的应激反应。

3.池水混浊致使整个池塘的养殖生态系统处于不良状态,物质循环受阻,氨氮、亚硝酸盐不能快速转化为无毒物质,从而影响水生动物的生长发育。

（二）造成养殖水体水质混浊的原因

1.物理因素

（1）降雨冲刷池塘周围的地面、护坡后带着泥沙进入池塘，引起池塘水质混浊。

（2）新建的池塘，池水浅，池底有机质缺乏，水体中缺少营养元素，浮游植物生长困难，加上风力、增氧机的搅动，水体容易混浊。

（3）增氧设备安装、使用不合理。如微孔增氧曝气设备的曝气管距池塘底泥过近，开动底部曝气增氧机时，会导致底部物质悬浮，造成池塘水体混浊；池塘水位过浅，使用增氧设备时底部沉淀物被搅动悬浮，引发水体混浊。

（4）养殖水体偏瘦、缺肥，藻类严重缺乏。下大雨时，水体上下层温度变化大，上下层水体进行交换，产生较强的密度流，底层的沉淀物随密度流往上翻，在水中悬浮，造成水体浑浊。

（5）拉网

拉网搅动池底，造成池塘水体混浊。

2.生物因素

（1）放养密度过大

特别是底层鱼养殖密度过大，鱼类剧烈搅动导致有机质悬浮，造成水体混浊、透明度低，水体育肥难度大。

（2）浮游动物大量繁殖

浮游动物摄食藻类，浮游动物大量繁殖，藻类减少难以形成优势种群，水体失去藻相而显得混浊。

（3）缺肥严重或者缺乏优良藻种

缺肥或肥水产品营养不平衡，导致池塘水体营养元素部分缺乏、不均衡，难以给形成良好水色的藻种提供营养。

缺乏优良藻种或者促使营养向肥效转化的转化物，如优良的芽孢微生物菌群，也难以形成良好水色，进而导致水体浑浊。

（4）悬浮有机质过多

杀菌消毒后水体菌相受到破坏而未得到及时补充，导致菌群对有机质的分解能力降低，悬浮有机物过多而引发水体混浊。

（5）摄食不足

此种情况下，沿塘边5米左右的水面出现混浊，池塘中央不混浊。

（6）养殖对象应激

养殖鱼类发生某些疾病，如寄生虫病，或环境发生变化致使鱼类产生应激反应，养殖鱼类就会出现游边现象，鱼类集群游边导致池塘边出现局部混浊。

（三）不同原因引起水质混浊的判断方法

取塘水在水瓶中静置，一段时间后，如果瓶子底部出现沉淀，水慢慢变清的是由悬浮物质引发的浑浊；如果水长时间都不变清，瓶子底部也无沉淀物，多为胶体样混浊（多见于浮游动物大量繁殖引发的水体白浊），这种混浊一般不会影响藻类繁殖，一段时间后（时间长短不等）会自动变清。

（四）混浊水的处理措施

由藻类单一引起的水体混浊，应检测水体中各项理化指标和缺乏的藻类，及时培藻补藻，管控养护好水草，营造良好的生态环境。

因饲料投喂不足或适口性营养差引起觅食活动过度造成的，可增加优质饲料的投喂。

因寄生虫引起的混浊，需镜检后有针对性的用药杀虫。

因投喂过多、悬浮物过多引起的水体混浊可使用芽孢杆菌净水、调水，在使用芽孢杆菌之前可用有机酸解毒醒水养水，然后用红糖水激活益生菌，3小时后使用芽孢杆菌，同时配合使用EM菌、乳酸菌、光合菌或其他益生菌，参与保障物质流的益向循环，营造健康养殖水体生态环境。

五、降雨

降雨，尤其是连续阴雨，会使池塘水环境产生变化，进而影响动物养殖。

1.溶氧。因光照不足水生植物光合作用降低，从而减少水中的溶氧，特别是高温季节，降水加强上下水层对流，溶氧迅速下降，这也是为什么高温季节雨后鱼易缺氧的原因之一。

2.透明度。因光照减弱浮游生物的繁殖减缓，能间接影响水中的透明度。

3.pH。因水中光合作用弱，二氧化碳转换慢，水中的氢氧根离子减少，降低了水体的pH，同时有的雨水pH很低（特别是周边有大型厂矿的区域）。

4.水体中有害物质增加。光合作用释放的氧气可供底层有机物分解，但因阴雨天光合作用下降从而会增加水体中氨和硫等有害物质的浓度。

5.增加水体中的有害病菌。长期阴雨天，是鱼易生病的一个原因。

第二节 养殖管理常见问题及解决方案

一、清淤与晒塘

（一）清淤

长期养鱼的池塘，每隔1—2年要进行一次清淤。清淤的方法有干法清淤和湿法清淤两种。

1.干法清淤

晒塘塘底龟裂后，人工或机器移除塘底表面的泥土。移出的塘泥堆放在塘埂，之后在塘泥上种植农作物。种植农作物可以固化塘埂，防止塘埂坍塌，还能够吸收塘泥中的氮磷等养分，防止养分回流到池塘。如果没有种植农作物固化塘堤，一定要将塘泥堆放在远离塘堤的地方并妥善处理，防止雨水将其冲回池塘。

2.湿法清淤

捕鱼后保持塘水在20厘米左右，搅动底泥，用泥浆泵连泥带水抽出塘外，重复几次；或捕鱼后排干池水，用高压水枪冲洗池底，再将底泥抽出。

（二）晒塘

在清淤之后暴晒塘底，利用阳光紫外线加速底泥有机质风化，使底泥表层由灰黑色变为灰白色，底泥龟裂裂缝宽2—3厘米，深10厘米，以增加底泥透气性，达到改善底质的作用。

二、清塘消毒

养鱼前要对池塘进行清理，消除淤泥，杀灭害鱼、害虫等，以保证鱼类有良好的生长环境。

（一）常年不清塘的危害

1.底质恶化影响水质

经历高峰期养殖后，池塘底部往往富集大量的残饵、粪便及动植物残体等有机质，若常年不清塘，底部有机质富余，分解转化必然会消耗大量溶氧，低溶氧的环境容易造成池塘底部氨氮、亚硝酸盐等有毒还原性物质的浓度超标，进而使底质恶化影响水质，不利于下个周期的养殖。

2.滋生病原微生物

池塘是养殖动物生活栖息的场所，也是各种病原体的藏身之处，经过一个周期的养殖，各类病原微生物通过不同途径进入池塘，而塘底过厚的淤泥正好为其繁殖提供适宜的场所，使病原菌大量滋生，易发生鱼病。

3.池塘变浅，产量降低

长期养殖而不进行清塘清淤工作，容易造成池塘底部淤泥过厚，导致池塘变浅，载水量下降，鱼类活动空间缩小，产量降低。

4.野杂鱼等争占空间

池塘除养殖鱼类外，往往还混有野杂鱼、虾及各种生物，如螺、蚌、水生昆虫等，出现与养殖鱼类争占空间、抢夺食物的现象；甚至有些物种本身能使鱼生病，有些则是病原体的传播媒介，对养殖鱼类的正常生存与繁殖造成威胁。

（二）清塘常用方法

1.生石灰清塘

（1）生石灰清塘的两种方法

①干塘清塘

修整池塘后,在苗种放养前2—3个星期内的晴天进行。清塘时,池中保留6—10厘米积水以确保石灰浆能分布均匀。生石灰的用量:一般为每亩60—75千克,淤泥较少的池塘可减少至每亩50—60千克。生石灰在空气中容易吸湿转化成氢氧化钙降低效力,因此需在干燥处保存。

操作方法:在池底挖掘若干小潭,小潭的多少及其间距以方便全池泼洒为宜。将生石灰分放入小潭使其吸水溶化,不待冷却即向四周全池泼洒。若不挖小潭,可用木盆、小缸等能盛装石灰水的容器代替。第二天上午用长柄泥耙调和塘底淤泥与石灰浆,使其混合均匀,加强清塘除野的作用。

②带水清塘

不靠近水源的池塘清塘时排水和补水不方便,为了避免以邻池蓄水,交相灌注导致传播病原增加,可以采用带水清塘的方法进行清塘。生石灰的用量:每亩平均水深1米用25—150千克;水深2米,用量加倍,以此类推。实践证明,带水清塘可以省工,且效果比干塘清塘更好。

清塘方法:在池边及池角挖几个小潭,将生石灰放入潭中,让其吸水溶化,不待冷却即向池中泼洒。面积较大的池塘可将生石灰盛于箩筐中,悬于船边,沉入水中,待其吸水溶化后撑动小船,在池中缓行,同时摆动箩筐,促使石灰浆散入水中。次日上午用泥耙推动池塘中的淤泥,使之充分混匀,以增强除害的作用。

(2)生石灰清塘的优点

①能改善水质,使水体pH快速提高到11以上,杀灭鱼池中的野杂鱼、虾、蚂蟥、螃蟹、河蚌、椎实螺、水生昆虫、蛙卵、苔藓虫、青泥苔,以及一些根浅软的水生植物、寄生虫和病原体及其休

眠孢子等。

②能够沉淀悬浮在水体中的胶状有机质，防止水体浑浊。

③释放被淤泥吸附的氮、磷、钾等，增肥水质。

④生石灰遇水变成氢氧化钙后可吸收二氧化碳沉淀为碳酸钙。碳酸钙能够疏松淤泥结构，改善底泥的通气条件，增强细菌分解有机质的作用。而且能够使水体呈弱碱性，有利于鱼类的生长。

⑤钙是动植物不可缺少的营养元素，施用生石灰相当于施用钙肥。

综上，使用生石灰清塘一举多得，不仅能清除敌害，灭杀残留的致病病原体，而且在改良池塘底质的同时直接施加了钙肥。

2.漂白粉清塘

漂白粉含氯一般在30%左右，易吸潮分解成次氯酸和氯化钙，次氯酸又能立刻释放出有强力的漂白和杀菌作用的初生态氧，从而达到消毒的作用。

（1）漂白粉清塘方法

根据相关试验的结果，平均水深1米，其用量为3.5千克/亩。用法为将漂白粉加水溶化后，立即全池泼洒，泼完后搅动水体，使药物在水体中均匀分布，提高清塘的效果。一般在清塘5天即可投放苗种。

（2）注意事项

①漂白粉在空气中极易挥发和分解。为防止漂白粉接触水分潮解，必须密封储藏在阴凉干燥的地方。

②漂白粉分解释放出的氧气易和金属产生化学反应，因此盛放漂白粉的器皿最好用陶瓷器或玻璃瓶，不宜用金属器皿。

③使用时最好先测一下有效氯的含量，挥发的部分，按量

补足。

④工作人员在操作时应佩戴口罩，以防中毒。在上风处泼洒药剂，防止衣物被沾染腐蚀。

（3）漂白粉清塘的特点

①与生石灰一样，可以杀灭水生昆虫、蝌蚪、螺蛳、野杂鱼、河蚌和致病菌及其休眠孢子等。

②与生石灰相比，漂白粉用量少、药效消失快，用生石灰不便的地方和急于使用的鱼池可用漂白粉清塘。

③漂白粉消毒的效果与池塘水质肥度有关，水质越肥效果越差。

④改良池塘土壤的作用较小，没有生石灰明显。

3.混合清塘

用生石灰与漂白粉混合剂清塘，从药物特点来看，有取长补短、相得益彰的效果。平均水深1.5米的池塘，每亩用漂白粉6.5千克和生石灰65—80千克，用法与漂白粉、生石灰清塘相同。放药后10天左右可投放苗种。

4.茶粕清塘

茶粕是山茶科植物油茶、茶梅或广宁茶的果实榨油后剩余的渣滓，外形与菜饼相似，又叫茶籽饼，为两广渔农普遍用作清塘的药剂。平均水深1米时，用量为40—50千克/亩。用时将茶粕捣碎成小块，放在水缸中加水浸泡，在一般情况下（水温25℃左右）浸泡一昼夜即可使用。浸泡后连渣带汁挑入预置的容器里，兑大量水后，全池泼洒。

利用茶粕清塘能杀死一部分水生昆虫、野杂鱼、蛙卵、蝌蚪、螺蛳、蚂蟥等，但不能杀灭细菌。茶粕能够促进绿藻、裸藻等的繁殖，而绿藻和裸藻中有些种类不易被鲢、鳙消化，大量繁殖对鱼类生长不利。因此其效果不如生石灰好。

5.不同药剂清塘效果的比较

（1）清除敌害的效果

清除野杂鱼类、虾、蝌蚪、螺蛳、河蚌、水生昆虫等敌害的效力，以生石灰为最迅速且最彻底，茶粕、漂白粉次之。

（2）杀灭寄生虫和致病菌的效力

以漂白粉最强，生石灰次之，茶粕对细菌则有助繁殖的作用。因此用生石灰、漂白粉清塘，可以减少鱼病的发生。

三、养殖小常识

（一）鱼苗、鱼种的划分

鱼苗是指鱼类受精卵孵化生长到体长为2.6厘米的鱼体。鱼苗长到全长3厘米左右时，称为夏花鱼种。

夏花鱼种长到当年12月底时称为1龄鱼种；长到第二年冬季，称为2龄鱼种。一般从鱼苗入池到2龄鱼种的生产过程统称为鱼苗鱼种培育。

根据鱼苗、鱼种的特点和我国的传统习惯，生产上常常把鱼苗、鱼种的生长期划分为以下几个阶段。

1.水花：孵出3—4天，此时鳔已充气，能够水平游动，可以下塘饲养的仔鱼。

2.乌仔：鱼苗下塘后经10—15天的培育，长至全长约2厘米时的仔鱼。

3.夏花：乌仔经5—10天的培育，长成全长约3厘米左右时的稚鱼，也称火片或寸片。

水花、乌仔、夏花统称鱼苗。

4.秋片：夏花经3—5个月的培育，长成全长10—17厘米的鱼种，由于是在秋天出塘，又称秋片。

5.春片：秋片越冬后称为春片。

秋片和春片统称鱼种。

因为冬天一般不拉鱼、放鱼，所以没有冬片的说法。

（二）鱼筛

鱼筛多为半圆形，一面开口，口径约60厘米，深度约为30厘米。筛腹上有狭长的"孔眼"缝隙，称为筛目，以"朝"数来区分大小，可把鱼苗从小到大分出20多个规格。

表8 鱼筛朝数与筛眼距离

序号	鱼筛号	筛眼距离（cm）
1	1朝筛	0.06
2	2朝筛	0.10
3	3朝筛	0.14
4	4朝筛	0.18
5	5朝筛	0.20
6	6朝筛	0.25
7	7朝筛	0.32
8	8朝筛	0.42
9	9朝筛	0.58
10	10朝筛	0.70
11	11朝筛	1.11

续表

序号	鱼筛号	筛眼距离（cm）
12	12朝筛	1.27
13	3寸筛	1.50
14	4寸筛	1.80
15	5寸筛	2.15

常用的鱼筛有5朝、6朝、6.5朝、7朝、7.5朝、8朝、8.5朝、9朝、9.5朝、10朝、10.5朝、11朝、11.5朝、12朝、3寸、3.5寸、4寸、4.5寸、5寸、6寸、7寸、8寸、9寸、10寸、10.5寸、11寸。苗种场常用"半"朝的鱼筛，成鱼养殖场则不需要选择半朝筛。例如：7.5朝（读音"七朝半"）的草鱼苗，就是3厘米以上的鱼苗。

表9 常用过筛分鱼朝数

序号	筛内鱼苗长（cm）	使用鱼筛号	备注
1	>1	5朝筛	乌仔苗
2	>2	6朝筛、6.5朝筛	瓜子苗，3500尾/斤—5000尾/斤（以草鱼计，下同）
3	>2.5	7朝筛	
4	>3.0	7.5朝筛	寸苗，900尾/斤—1100尾/斤。
5	>3.3	8朝筛	寸片
6	>4	8.5朝筛	500尾/斤—700尾/斤
7	>4.5	9朝筛	
8	>5	9.5朝筛	350尾/斤—400尾/斤
9	>6	10朝筛	180尾/斤—220尾/斤

续表

序号	筛内鱼苗长（cm）	使用鱼筛号	备注
10	>6.5	10.5 朝筛	两寸苗
11	>7.0	11 朝筛	
12	>8.4	11.5 朝筛	
13	>9.0	12 朝筛	30 尾/斤—50 尾/斤
14	>10.0	12.5 朝筛	三寸苗

表 10　常见鱼苗规格与对应鱼筛朝数

鱼筛尺寸编号	草鱼		鲢		鳙	
	按体长（mm）	每斤个数（个/斤）	按体长（mm）	每斤个数（个/斤）	按体长（mm）	每斤个数（个/斤）
5 朝	19	16 000	15	16 000	18	18 400
6 朝	22	8 400	20	5 300	22	6 060
7 朝	30	2 000	25	2 000	30	5 800
8 朝	36	800	34	800	38	900
9 朝	48	360	45	360	50	430
10 朝	60	160	58	172	62	180
11 朝	75	72	72	75	84	90
12 朝	90	42	85	47	97	55
3 寸	120	35	120	40	120	45
4 寸	160	17—18	160	20	160	22—23
5 寸	200	8	200	11	200	12—13

（三）鱼苗计数方法

水产养殖中鱼苗占到养殖生产总成本的10%—40%，因此鱼苗计数是水产养殖中的一个重要环节。

鱼苗计数的传统常用方法是打杯法、打筛法，此外，智能鱼类计数装置和新型计算机视觉和图像处理法等人工智能技术也在被越来越多的养殖户使用。

1.打杯法

打杯法主要用于水花、乌仔的计数。

具体方法：将拉起的鱼苗放入鱼苗网或专用网箱中，剔除伤苗、死苗及杂物后截取一段鱼苗网，将鱼苗集中在一角，缓慢搅动使鱼苗分布均匀，取一个较小的杯子作为标准量杯的样杯，用手抄网捞取鱼苗放入标准杯中计数，计算出标准杯中的鱼苗数量。

用一个较大的杯子作为售鱼苗用杯，计算出大杯子能盛标准杯的数量，得到售鱼苗用杯的鱼苗数量。再根据一个塑料袋能盛多少售鱼苗用杯的鱼苗，计算出塑料袋中鱼苗的数量。例如，如果标准杯过数后鱼苗数量是200尾，一个售鱼苗用杯能盛标准杯5杯，则售鱼苗用杯的鱼苗数量是1 000尾，一个充氧塑料袋能盛5售鱼苗用杯鱼苗，则塑料袋中的鱼苗数量是5 000尾。

2.打筛法

打筛法主要用于朝苗（寸苗）的计数。

具体方法：先用鱼筛将鱼苗大、小区分，然后鱼筛打上一筛，按份进行点数，以此类推，得出总数量。

3.计算机视觉和图像处理法

目前，一些研究人员基于计算机视觉和图像处理技术，对图像分割在鱼苗自动技术系统中的应用进行了研究。通过分析常用的图像分割算法的特征，采用联通区域标记法从而实现鱼苗的自动计数。

4.智能鱼类计数法

目前，已经开发了智能鱼类计数装置。使用智能鱼类计数装置时，操作者通过向设备添加水并加上计数样品（鱼苗或虾苗），就可以快速、准确的知道养殖动物的数量和规格。该装置可以替代人工点数的繁重操作，解放了劳动力的同时提高了准确性。

随着大数据研究的深入及应用，在不久的将来，鱼苗计数将会变得更便捷、更准确。

四、鱼苗下塘

（一）鱼苗下塘的方法

下塘苗种，一般采用活水车运输或氧气袋运输两种方式，运输方法不同，鱼苗下塘方法不同。

1.用活水车运输

提前两个小时打开池塘增氧机，把活水车开到池塘边后用潜水泵抽池塘水到活水罐里，直到水漫出来，每个罐子抽3—5分钟，停留20分钟左右放掉活水车里三分之一的水，之后重复抽池塘水，再停留20分钟左右，经过两次调温，鱼苗就可以带水下塘了。

2.用氧气袋运输

鱼苗运到池塘边，如果是早晚或者是阴天，可以先把氧气袋带水放进池塘，调温20分钟左右放苗；如果是晴天或大太阳，可以先打开氧气袋，加一些池塘水，停留3—5分钟，再反复一次加水停留，边调温边观察鱼苗的活动情况，如果鱼苗活动良好即可放苗。

放苗时，一只手抓住氧气袋底角，另一只手提袋口慢慢放开,让鱼苗缓缓流入池塘,最大限度减小鱼苗的机械损伤,提高成活率。

(二)鱼苗下塘注意事项

1.先暂养再下塘

经过塑料袋充氧密封长途运输的鱼苗,血液内含有较多的二氧化碳,导致鱼苗多因缺氧而麻醉或昏迷,袋内鱼苗多数沉底、活力不强。如直接下塘,成活率极低。

在这种情况下,可先搭建小网箱,暂养半小时左右再下塘。暂养期间,在网箱外划动池水或通过机械增加网箱内水体溶氧,排出鱼苗血液中过多的二氧化碳。鱼苗能集群逆水游动时,即可下塘。

2.喂食后再下塘

喂食后再下塘能够提高苗种的觅食能力和成活率。传统方法是将鸡鸭蛋煮熟,最好是煮老一点。用双层纱布包裹蛋黄并放到盆内漂洗出蛋黄水,将蛋黄水均匀泼洒入鱼苗暂养箱内。在苗种体内能够见到一条白线则说明鱼苗已吃饱,可下塘。蛋黄的用量一般为每10万尾鱼苗1个。

3.预防水霉病

放苗前使用聚维酮碘(250毫升/亩)+霉平(20克/亩),最好是连续使用2天;放苗前1—2小时,每亩鱼塘泼洒姜200克,预防水霉。下塘前注意测试药物的毒性是否完全消失。

在鱼苗下塘前,先取池塘底层水进行试养,试养半天到1天如鱼苗活动正常,则证明池水毒性已消失,可以放苗。

4.平衡水温后再下塘

鱼苗下塘前后的水温温差如超过2℃,则应先调节鱼苗容器中的水温,使其逐渐接近池塘水温后再下塘。

下塘时，选择避风处将容器倾斜于水中，让鱼苗自行游出；有风的天气选择在上风处放苗，避免鱼苗被风浪推至岸边或岸上。

五、如何判断投喂量及鱼的生长情况

（一）投喂量的判断：看吃食时间的长短

投喂饲料后，一般会在3小时内吃完。如投喂的饲料在2小时左右就被吃完，表明投喂量不足，下次投喂需适当增加投喂量；投喂后4小时还没有吃完，且鱼群已游离食场，表明投喂过量，下次投喂应适当减少投喂量。

（二）鱼生长情况的判断：看投喂情况

在四五月开食后，随着体重的增加，鱼类食量逐渐增加，在每周或每月的投喂计划中要观察周期始末的投喂变化。如果投喂量没有变化，到周末或月末时，发现所投饲料在2小时内被吃完，表明鱼的吃食量变大了，体重增加了，没有吃饱，要增加投食量；如果饲料被吃完的时间没有变化，则表明鱼没有增长或增加，要及时查明原因。

六、鱼类越冬期间常见问题

（一）鱼体受伤后处理不当引发水霉病、烂身病。

（二）鱼体体质弱，越冬期间因体能消耗大和水温变化应激而导致体弱性死亡。

（三）水体产氧能力弱或水体中非正常性耗氧高引起鱼类缺氧浮头现象。

（四）有毒有害理化指标如氨氮、亚硝酸盐、硫化氢等超标，引起鱼类中毒。

七、溶解氧管理

一般养殖池塘水体的溶解氧应保持在5—8mg/L，最低也要达到3mg/L，低于此值就会影响鱼虾正常生长，严重时造成泛塘死亡。以草鱼为例，草鱼在主要生长期内要求水中溶氧量在5mg/L以上，最低为2mg/L，0.4mg/L为致死点。

表 11 鱼类溶氧量需求表　　　　单位：mg/L

品种	适宜范围	开始浮头	窒息死亡点
鲢鱼	5.5—8	1.75	0.6
鳙鱼	4—8	1.55	0.4
草鱼	5—8	1.6	0.4
鲤鱼	5—8	1.5	0.3
鳜鱼	6—8	1.5	0.8
大口鲶	6—9	1.4	0.7
团头鲂	5.5—8	1.7	0.6
鳗鱼	4—9	1.4	0.6
罗非鱼	6—9	1.5	0.2
鲫鱼	4—5	1	0.2
鲮鱼	4—8	1.6	0.5
南美白对虾	4—8	1.3	0.3
斑节对虾	5—8	1.2	0.3
罗氏沼虾	7—9	1.5	0.5
河蟹	>5	2.5	1.5

在养殖生产中，水体轻度缺氧不会导致鱼虾死亡，但也会严

重影响鱼虾的生长速度，导致饵料系数升高，养殖效益下降，养殖成本增加。以草鱼为例，溶氧量2.72mg/L与在5.56mg/L的情况下相比，生长速度降低98%，饲料系数提高4倍。其他鱼虾也大致一样。

（一）缺氧症状

轻度缺氧时，表现为鱼虾烦躁，从水面就能明显看到鱼虾游动的波浪，头部浮出水面的鱼虾呼吸加快；严重缺氧时，鱼虾会大量浮头甚至死亡，如鲢鱼在溶氧含量为0.6mg/L时开始大批死亡。

鱼类长期处于1—3mg/L的低溶氧环境，摄食基本停止，生长速度减慢，抗病能力下降，容易发生鱼病和死亡。因此，经常浮头的池塘饲料系数会升高。

（二）对有毒物质的影响

水体溶氧充足，生成有毒物质的化学反应会受到抑制，从而降低有毒物质。例如，水中粪便、残饵、尸体等有机物产生的氨和硫化氢在充足的溶氧条件下，经微生物的分解作用，氨转化为亚硝酸盐，再转化成硝酸盐；硫化氢则转化成硫酸盐，硝酸盐和硫酸盐均无毒且能被浮游植物的光合作用所吸收。

在缺氧环境中，氨氮、亚硝酸盐和硫化氢等有毒物质会迅速增加并达到危害的程度。据测定，当水中溶氧由2.2mg/L下降到1.54mg/L时，NH3的含量由0.2mg/L上升到0.4mg/L，亚硝酸盐由0.01mg/L上升到0.04mg/L。

因此，水中保持足够的溶氧对水产养殖非常重要。

（三）养殖水体溶氧不足的原因

1.水温高

氧气在水中的溶解度随温度的升高而降低，因此，水温高将引起溶氧降低。如当水温由10℃上升到35℃时，空气中的氧在纯水中的溶解度由11.27mg/L降至6.93mg/L。

此外，在高温时，水生生物摄食运动量加大，会增加耗氧量。

2.养殖密度过大

养殖密度过大，水生生物活动呼吸作用加大，耗氧量会随之加大。

3.有机物的分解

细菌大量分解有机物，消耗了水中大量的氧气，因此容易造成缺氧。

4.无机物的氧化作用

无机物如水体和淤泥中的硫化氢、亚硝酸盐等发生氧化作用，会消耗大量溶解氧。

（四）天气突变时，池塘容易缺氧的原因

天气突变导致的溶解氧的变化，主要受光线强度和气压的影响。

1.光线强度降低

水中的氧气主要来源于水生植物的光合作用，其次是空气中氧气的溶解。天气突变常导致光照、气温及气压的突变，光照强度降低影响水生植物的光合作用，产氧量下降，造成池塘溶解氧降低。相对于气温，水温的恒定性较好，因此气温的突变不是水中溶氧变化的主要原因。

2.气压降低

气压降低，造成水体对氧的溶解度降低，导致水体溶氧不足。

此外，在气压低的情况下，水体底部污染物会泛起，即所谓"泛塘"现象，造成水底因缺氧而抑制的好氧菌重新得到获取氧气的机会而急剧消耗水体溶氧。这也从侧面说明了气压对水体的影响力。

八、浮头和泛塘

由于水体溶氧不足致使鱼类浮在水面吞食空气的现象,称为浮头。

泛塘指当养殖水体中溶氧量低于其底限时,引起鱼类大规模缺氧死亡的现象。

(一)浮头和泛塘的识别方法

鱼发生浮头时,要先判断浮头的轻重,以便采取适当措施加以解救。判断浮头轻重,可根据鱼类浮头起始的时间、地点、浮头面积大小、浮头鱼的种类及鱼类浮头动态等情况来判别。

1.轻微浮头

一般出现在凌晨或天开始亮后,浮头鱼类大多为鲢鳙鱼、团头鲂等,浮头出现在中央水面,用手电照射或发出响声,鱼群反应灵敏,能迅速逃向水下;太阳出来不久浮头即会消失。

2.严重浮头

出现浮头的时间早,且越早越严重。除鲢鳙鱼、团头鲂浮头外,青鱼、草鱼、鲤鱼、鲫鱼等也出现浮头,并且除鱼池中央,全池各个位置都有鱼浮头,野杂鱼类、虾类聚在池边,易于捕捉,鱼群受惊,反应迟钝。

3.泛塘

在严重浮头的基础上继续恶化,鱼类处于昏迷和半昏迷状态,浮头鱼易于捕捉,部分鱼失去平衡,腹部朝上,鱼体发黄、发白,开始死亡,直至大部分死亡或全部死亡,即泛塘。

（二）如何科学地预测鱼类浮头

鱼类浮头会有一些预兆，根据预兆，可以事先做好预测。

1.根据水温变化预测

在4—5月，水温逐渐升高，水色转浓，水体耗氧增大，鱼类尚未适应缺氧环境。当天气稍有变化，清晨鱼类就会集中到水上层游动，水面可见有阵阵水花，俗称暗浮头。这是池鱼第一次浮头，对低氧环境的忍耐力弱、体质娇嫩的鱼类，此时易引起浮头。

2.根据天气情况预测

（1）夏季晴天傍晚，如下雷阵雨，导致池塘表层水温急剧下降，引起池塘上下水层急速对流，容易引起浮头。

（2）夏秋季节晴天，如白天吹南风，夜间吹北风，造成夜间气温下降速度快，引起上下水层迅速的对流，容易引起浮头。

（3）连绵阴雨天，光照条件差，风力小，且气压低，浮游植物的光合作用减弱，致使水中的溶氧供不应求，容易引起浮头。

（4）久晴未雨天气，池水的温度高，加之大量投饵，水质变肥，一旦天气转阴，就容易引起浮头。

3.根据鱼吃食情况预测

经常检查食场，如饲料在规定的时间内没有吃完，且没有鱼病，表明池塘溶氧低，这种情况第二天清晨会浮头。也可以根据草鱼吃草的情况预测浮头：正常情况下，草鱼吃草行为在水下进行，不易被看到；如果发现草鱼仅仅在草堆边吃草，说明草堆下的溶氧已经很低；如果发现草鱼衔着草在池中游动，但又吃不下，说明池水已缺氧，即将发生浮头。

4.根据水色变化预测

池塘的水色浓，透明度小，或者产生"水华"，如遇到天气变化，则容易造成池中的浮游植物大量死亡，光合作用急剧下降，引起鱼类浮头泛塘。

（三）防止鱼类缺氧浮头的办法

1.发现池塘水色过浓，及时加注新水，提高水体透明度，增加溶氧量，改善水质。

2.遇上连绵阴雨天气，经常开动增氧机以增加水中溶氧。

3.在夏季，如气象预报傍晚有阵雨，应尽量在中午开增氧机，增加水体的溶氧。

4.估计鱼类可能浮头时，停止施肥，并根据具体情况减少投喂量：天气正常时，适当缩短摄食时间，让鱼在下午吃完饲料，不吃夜食；天气异常，估计可能发生浮头时，应停止或者少投饲料，已投的草料也要捞起。

（四）引起浮头的原因及应对策略

1.水瘦引起的浮头及应对策略

4—5月的池塘常常出现这种情况。高产鱼塘经过三年养殖，通常会在池底淤积一层较厚的底泥。如果在冬季不及时清整，厚厚的淤泥中隐藏着大量浮游生物及原生动物虫卵，开春后，水温回暖，虫卵很快被激活并大量繁殖，导致呼吸耗氧量大大增加。

应对策略：用杀虫药，如敌百虫杀灭虫体，抑制浮游动物数量，减轻池塘的呼吸耗氧量。然后使用益生菌及生物复合肥料等保证前期藻类繁殖所需营养，促进有益藻类的快速发育，通过光合作用为水体提供氧气。

2.水肥引起的浮头及应对策略

由于在养殖前期施入大量没有完全腐熟甚至未经发酵的粪肥，加上过厚的淤泥及饲料残渣的堆积。到了夏季水温大幅上升后，肥料及有机堆积物开始发酵分解，池水变得很肥，在发酵分解过程中会消耗掉大量氧气，这时缺氧浮头在所难免。

应对策略：

（1）坚持每年清淤1次，清除池塘内的泥及有机物残渣。

（2）池塘定期排放陈水，同时补充新水，以增大透明度，改善水质，增加溶氧，使水质保持"肥、活、嫩、爽"。

（3）定期往池塘泼洒硝化细菌、芽孢杆菌等水质改良剂，改善水质。

3.高密度养殖下浮头及应对策略

鱼浮头是由多种原因造成的，但主要原因还是放养密度过大，因为鱼的放养密度过大，相应的投饵也多。

在雨雾阴天，水生植物光合作用强度降低，入夜就可能发生鱼浮头泛塘。在温暖的天气，池水经过太阳照晒后，热而轻的水总是浮在上边，日落之后，随着气温的下降，上层水受冷，密度增大，开始缓慢地向下沉降，若夜里气温较高，水的温度下降缓慢，上层的水要到凌晨才降到池底。但如果傍晚下了暴雨，冷而重的雨水很快沉到水底，把池底沉淀的饵料、肥料残渣、生物残体翻到水的中上层来。这些有机质会大量消耗水中的氧气，不等日出，水中的溶氧就会消耗殆尽，鱼很容易因缺氧而出现浮头泛塘。

因此，傍晚下暴雨时要到池边察看，发现离天亮还很久而鱼就浮头了，应及时冲新水或开启增氧机抢救。

应对策略：适时使用增氧机。

4.突发性暴雨、雷阵雨天气浮头的应对方法

（1）及时关注天气预报、观察天气变化，雨前控食或停食，并暂停池塘施肥。

（2）在暴雨或阵雨前提前开启增氧机，以提高水体溶氧量，促进池水迅速混合，使上下水层溶氧均衡，避免水体产生强对流。

（3）雨停继续开启增氧机一段时间，切忌在雨没落透的情况下关机。

（4）雨后塘水混浊时，要使塘水变清，除用水质絮凝剂（比如硫代硫酸钠、氯化铝）等药物外，还可以用生石灰化水泼洒。

（五）发生浮头时的增氧急救措施

1. 注入新水

注入新水既能增加溶氧又能调节水质，还能加深池水，增大鱼类的活动空间。最好加注附近河流水或水库水，无外来水源时也可加入邻近水质较好的塘水。加注的新水平水面冲出，形成较长水流，使鱼群聚集在此溶氧量较高的水流处，避免泛池死鱼。

也可抽取原塘水，使塘水尽量朝高又落下，水泵的出水口高出池水1米以上，再喷入池塘，起到增氧急救的作用。

2. 开增氧机

发现鱼类出现重浮头应即时开动增氧机，通过增氧机搅动水体，增大水体与空气的接触面，提高水体的溶氧量。该方法比加注新水的效果好，因为在短时间内，加注的水源开始只能在小面积范围内交融，无法扩大增氧范围。

还应关注浮头轻重和水温的关系。水温在25℃—30℃时，鱼类浮头2—3小时再增氧也不会有危险；但当水温在30℃以上时，鱼类浮头1小时就必须进行增氧。如果拖延到鱼类已经分散、漫游到鱼塘边再开增氧机或注入新水，鱼不能集中到增氧机周围或水流处，也会发生死鱼。

3.化学增氧

即借助化学制剂，使化学制剂在水中发生化学反应而产生氧气。常用的化学制剂有过氧化钙、过氧化氢、过碳酸钠等。过氧化钙不仅可以增氧，还可作为钙肥，增加水体钙含量，除鱼体浮头时使用外，平时也可使用。但是，化学增氧剂多用于预防水体缺氧，对于缺氧死鱼的急救效果不显著。

（六）阴雨天容易引起池塘缺氧死鱼的原因

1.连绵阴雨天气，光照条件差，浮游植物的光合作用强度弱，导致水中溶氧的补给量小，加上池中各种生物的呼吸作用及有机物的分解作用需要消耗大量的氧，造成水中溶氧供小于求，引起水体缺氧。

2.阴雨天常有水清见底的现象，浮游植物少，而浮游动物却很多，几乎消耗了池中的浮游植物，导致光合作用弱，加之浮游动物和鱼虾的呼吸耗氧，形成了"耗氧量>>产氧量"的情况，造成水体缺氧。

3."氧债"大。久晴未雨，池水温度升高，加之大量投饲施肥造成水质过肥，使水中透明度低、有机物多，上、下层水体差距大。当水层发生对流，上层溶氧量高的水体传到下层，下层缺氧水被送到上层，水中的溶氧很快被用来补偿有机腐殖质及还原性物质氧化而消耗的氧气，即偿还"氧债"，使整个池塘的含氧量迅速降低，造成缺氧。

如果长期不加注新水，就会造成水质过肥或水质败坏，从而引起鱼类缺氧浮头。

4.片面追求产量，放养密度过大，又遇阴雨绵绵，增氧机械惰开，造成水中氧气供应不足。

（七）巧妙使用增氧机

增氧机的使用应遵循"三开两不开"的原则：（1）晴天中午开机；（2）阴天的清晨开机；（3）连绵阴雨天在半夜开机；（4）阴天的白天不开机；（5）晴天的傍晚不开机。

1.晴天中午开机

（1）中午的光合作用最强且水温最高，水体表面溶氧处于过饱和状态，此时开增氧机，可以打破水体的上下分层，把溶氧送达池底，保持水底层有充足的溶氧。

（2）通过搅水使冷水上浮，形成密度流，提高池底水温，同时增加池底溶氧，还能降低氨氮毒性。

因此，高温季节中午开机1—2小时效果最佳。

2.阴天清晨开机

经过一夜的消耗，溶氧在黎明前后达到最低值，加之阴天的光合作用不强，在清晨必须要开启增氧机，以免引起浮头。

3.连绵阴雨天半夜开机

连绵阴雨天，浮游植物的光合作用强度弱，产氧减少，溶氧来源主要靠机械增氧，必须持续较长开机时间。开机一般从半夜持续到日出后光合作用进行、溶氧充足时，才能改善溶氧低峰值，有效防止和解救鱼虾浮头。

4.阴天白天不开机

阴天中午开机，会进一步降低上层浮游植物的造氧水平，加速下层水耗氧的速度，容易引起浮头。

5.晴天傍晚不开机

傍晚水表层的浮游植物光合作用停止，且进行呼吸作用消耗氧气。此时开机会使上下水层提前对流，把池底的溶氧带到池水表面被浮游植物消耗，此时开机反而容易造成耗氧，使夜晚溶氧不足而引起浮头。

九、极端天气的养殖管理技巧

（一）早春连续低温天气的养殖管理要点

1.保持较高的水位以缩小塘口水体上下层的温度变化。

2.适量施有机肥，充足的藻类参与光合作用利于水体增氧。不要使用化肥肥水，避免氨氮急剧上升中毒。

3.适量延后苗种的放养时间，待水温上升到10℃以上时再投放苗种。

4.苗种放养前，用2%—5%的食盐或10—20g/m³高锰酸钾或10g/m³漂白粉或7g/m³硫酸铜（任选一种即可）药物浸浴。

5.鱼苗放养后，化水后全池泼洒水霉净（五倍子末）0.2—0.3g/m³进行水霉病防治。

6.由于冬季长时间未进食，鱼类会出现不同程度的掉膘，因此当水温达到10℃时，选择晴天中午少量开食投喂蛋白质含量较高的配合饲料，以尽快恢复体质。

（二）连续阴雨天气（梅雨季节）的养殖管理要点

1.降低池塘水位，空出容量；蟹塘适当刈割水草，使池塘水草覆盖率保持在50%左右，水草上部割头10—20厘米，避免伊乐藻上浮或因长时间缺少阳光导致水草叶部腐烂。

2.适时开启增氧机并延长开机时间，在紧急情况下可配合使用粒粒氧、增氧灵等化学增氧剂进行急救。

3.调节水体酸碱平衡，改良池塘水质和底质。雨停后天气转好的白天中午，使用水质改良剂和有益微生物制剂等降低有害物质含量，改善池塘水质和底部生态环境。

4.重视病害防治。梅雨季节（夏季持续阴天有雨的气候现象）各种病菌繁殖加快，对池塘鱼类威胁较大。在梅雨季节来临前，应加强病害防治工作。在天气晴好时，可以全池泼洒杀虫药，以杀灭寄生虫，隔2—3天全池泼洒杀菌消毒药物，阻止有害病菌的滋生。同时，在饲料中添加中草药或杀菌消毒药物，预防病害发生。此阶段不要全池泼洒杀虫剂或消毒剂，以减小用药对水质造成的破坏。如确需使用杀虫剂或消毒剂，可采用在食场周围挂袋（篓）的方法进行局部消杀，以减少对水体的影响。

5.科学保管饲料。梅雨季节空气相对湿度大，如保管不善，饲料容易发霉变质。因此贮存饲料的仓库要通风干燥，房顶不漏雨，地面铺塑料薄膜，并用10厘米高的木质物垫底，饲料袋堆放的上方及四周要留有空隙，保持空气流畅。饲料不能紧贴仓库墙壁堆放，防止墙壁受潮殃。晴天中午可打开仓库门窗通风透气，饲料堆放量不要太多，先入库先使用，有序周转。

6.安全用电，提防雷击；加固堤坝池岸；检查防逃设施等。

（三）干旱期间的养殖管理要点

1.提前购置抽水设备，增设供水设施，采取筑坝蓄水、引水灌溉、疏浚沟渠、打井抽水、泵站提水等办法，最大限度地增加养殖用水。

2.加强水质管理，减少饵料的投喂量和施肥量，及时清除残饵、杂物以保持水质良好；定期施用生石灰，既调节水质又可杀灭病原菌；适时使用芽孢杆菌、光合细菌等有益微生物制剂和底质改良剂改善水质及底质；适时增氧，防止鱼虾蟹浮头、泛塘。

3.坚持早晚巡塘，加强日常管理，密切观察鱼类的摄食情况和行为变化，特别注意观察黎明前鱼类的活动情况，发现问题，及时应对。

4.做好补投苗种的准备工作，待旱情缓解，适时补投大规格苗种，以满足灾后的生产需要。

5.及时组织成鱼销售，减少水体负载，缓解溶氧压力，以确保未达上市规格鱼类安全度旱。

（四）暴雨天气的养殖管理要点

1.提前预降池塘水位30—50厘米，并视雨情大小及时往外排水。

2.提前将水泵置于易淹塘口，以及时抽排池水。

3.检查池塘排水口设施情况，避免鱼类从排水口逃逸。

4.提前在位置较低的池塘架设拦阻网具，防止鱼类逃逸。

5.调节水体pH，由于降雨大多属酸性雨，因此可施用石灰水进行调节，一般每亩水深1米用生石灰5千克，化水后全池泼洒。

（五）连续低温冰冻天气的养殖管理要点

1.提前加高池塘水位，尽量扩大水体空间容量。

2.检查增氧机、水泵等设施，保证启动时能够正常运行。

3.载鱼量较大的池塘，可全池泼洒维生素C、葡萄糖等抗应激产品，以减少水体温差引起的应激反应。

4.气温回暖后，及时使用杀菌消毒药物，每立方米水体可全池泼洒0.3克浓度为8%的二氧化氯，预防和控制水霉病。

十、特殊天气的投饲技术

1.气压低、闷热天气的投饲

在空气气压低的闷热天气，水中溶氧量迅速降低，容易造成浮头，此时应立即停止投饲并加注新水以增加水中溶氧，避免加重浮头，引起严重的泛塘死鱼、死虾事故。

2.雷雨前后或阴雨连绵天气的投饲

雷雨前气压低，水温高，溶氧少；雷雨后水温降低，上下层水体发生对流，水中缺氧更加严重，同时因底部有机物上浮，会进一步消耗水中溶氧。这时是引起浮头和泛塘死鱼、死虾最危险的时刻，必须在雷雨前确保停止投饲，待天气转好、水质条件稳定后，再逐步恢复。

3.高温炎热天气的投饲

当天气炎热，水温超过30℃时，水中的有机物开始快速分解，氮、磷增加，水中有害物质超标，形成"高氮磷"的水体；水面可见到漂浮着墨绿、蓝绿色的油膜，俗称水华。此时，需立即增加换注新水量，减少投饲量，一般情况下，应在7天内每日减少投饲量的50%以上。

十一、硫化氢对养殖动物的危害及处理措施

1.硫化氢的危害

硫化氢是一种剧毒的可溶性气体，它对生物有严重的毒害作用。在铁盐不足、溶氧过低，特别在水体pH下降时，硫化氢含量极易过高。当池塘中的硫化氢浓度升高时，硫化氢渗入鱼体后，致使血红蛋白失去载氧能力，造成鱼体组织缺氧，严重时甚至引起死亡。

2.硫化氢中毒症状

在养殖过程中，若发现鱼类在夜间或天亮时并不浮头，而白天却出现了类似浮头的状况，打开增氧机后，浮头现象不见缓解，也

不向增氧机靠近，反而四处散去，同时在池塘下风处可闻到类似臭鸡蛋的刺鼻气味，这就表明水中硫化氢含量超标引起鱼类中毒了。

硫化氢主要是在底泥表层产生，尤其是酸化的底质，硫化氢更容易溢出，引起中毒，因此底层鱼类如鲫鱼、鲤等先浮头，中毒严重会引起鱼类死亡，多数情况下也是先死亡底层鱼，其后是鲢鳙等中上层鱼类。中毒死亡的鱼多有眼球凹陷，脑袋、鱼鳃发黑发暗呈现出像巧克力一样的褐色，或者身子发黄泛白等症状。

3.处理硫化氢过高的措施

防止硫化氢产生的主要措施是保持溶氧充足特别是底层水中的含氧量：

（1）保持池塘底部的好氧环境，让池底有机物在有氧条件下充分分解。定期使用底改类产品，只要底部溶解氧起来了，就不会出现硫化氢中毒了。

（2）使用芽孢杆菌等菌类，彻底分解有机物，解除硫化氢产生的根源，能够抑制有害细菌，防止疾病发生。

（3）已经有明显硫化氢中毒的池塘，先换水，然后改底，增氧抗应激，后续再重新培藻，培水。

第三节　病害防治宝典

一、引发鱼类病原体大量繁衍的13个原因

（一）鱼体受伤

鱼体受伤是最大的致病因素。鱼体受伤降低了自身免疫力，加

之水体有细菌、虫体等存在，导致鱼体受伤后的伤口成为病原体侵袭的"突破口"。

（二）溶氧量低

水中溶氧量低会引起一系列的问题，如影响水生动物正常的新陈代谢，厌氧致病菌大量繁殖，导致氨氮、亚硝酸盐、硫化氢等有害物质大量积累，这些都为病原体繁殖创造了有利条件。

（三）高温

持续高温会导致水体溶氧降低，氨氮毒性增强，病原体繁殖速度加快。水生动物的生存温度为1℃—35℃，超出这个范围的高温会对水生动物形成生存危机。

（四）水中有机质多

水中有机质多也可以粗略理解为富营养水或者很肥的水，水中有机质，如残余的饵料、水产品的排泄物及黏液、腐败的水产品尸体和残肢、死亡的藻类菌类寄生虫尸体等含量过多，会导致致病菌、寄生虫等大量繁殖。

有机质在分解过程中还会消耗氧气，腐败变质后产生氨氮、亚硝酸盐、硫化氢等有害物质。

（五）氨氮、亚硝酸盐、硫化氢含量超标

氨氮、亚硝酸盐、硫化氢是水中的剧毒物质，严重的几小时即可导致水生动物死亡。

（六）应激反应大

水温、溶解氧、pH、盐度等在短时间内急剧变化或受到惊吓、养殖密度过大等都会引起应激反应。水生动物对应激的耐受力较低，水温、盐度每小时变化不超过2℃，pH每小时变化不超过0.5，一旦超过耐受范围，就会出现代谢紊乱，导致抗病力急剧下

降，为病原菌的入侵提供可乘之机。

（七）养殖密度大

当养殖密度过大时，容易造成溶氧不足，也会引起水生动物的应激反应，水生动物的排泄物增多，水中有害物质过度积累，超过水体自净能力。

（八）底质污浊

除了少数的上层鱼类（比如鲢鱼、鳙鱼），大多数水生动物如鱼虾蟹贝都是底栖动物，底质污浊会导致氨氮、亚硝酸盐、硫化氢等剧毒物质积累，加速寄生虫的滋生。因此，清塘干塘不可少，平时的"底改"工作不能放松。

（九）病、死水生动物传染病原

发病的水生动物、死后的水生动物尸体一般都带有大量的感染病菌、病毒或虫害，特别是死后的水生动物尸体在腐烂过程中会进一步引发病菌的滋生。因此，死鱼要及时捞出进行填埋，不能任意丢弃。

（十）外部病原带入

外部水源、工具都有可能将病原带入水体中。鱼塘进水时一定要检查水质是否良好，水源上游有鱼病发生，或者水质受污染的水体严禁采用。发生鱼病后使用过的渔具（包括渔网等）需浸泡消毒后再使用。

（十一）饲料变质

饲料在生产加工、贮存、运输等环节中，容易被微生物如细菌、霉菌侵染繁殖，导致细菌含量超标或者霉变，水生动物摄食这类饲料后，容易引发病害。因此，要加强对饲料的管护工作，生霉变质的饲料不能投喂。

(十二) 饥饿

除了特意的"瘦身鱼"养殖外,长期喂料不足甚至很少投料,如果水中天然饵料又欠缺,就会导致鱼体瘦弱,抗病害能力降低,稍有"闪失"就会暴发鱼病,且不易痊愈。此外,"时饱时饥"也会引起水生动物的代谢失调。

(十三) 营养不足

常见的是长期投喂的饲料营养不全面,如缺乏维生素、矿物质、微量元素、氨基酸等,会使鱼的免疫能力下降。因此,在购买饲料时,应尽量采购信用好、口碑好的生产厂家。

二、水产养殖四件宝

(一) 食盐

在水产养殖过程中,食盐不仅能杀灭细菌和寄生虫,还可以增加水中溶解氧的作用,对鱼类的长途运输和捕捞也有好处。

用3%—5%浓度的盐水浸泡鱼体10—20分钟,可以杀灭大多数细菌和外寄生虫,通常在合池或早期的寄生虫感染时用到,或全池使用3‰—5‰浓度的粗盐来抑制养殖水体的病原体。

在长途运输中,当水温低于20℃时,水的盐浓度为3‰,当水温为20℃时,水的盐浓度为5‰,而当水温为5℃时,水的盐浓度为7‰,可提高鱼类运输的成活率。

盐和一些药物一起使用会促进药物的药效功能。在养殖过程中,有时会全池使用3‰—5‰浓度的盐,其目的是改变水体的盐度环境从而抑制或杀灭病原体,如治疗小瓜虫时加盐再升温或同时用其他药物,效果会更明显;治疗水霉病时,在水中加适量的盐,也有较好的辅助作用。

（二）杀菌药：漂白粉

漂白粉又叫含氯石灰，从字面理解，含氯石灰是生石灰的升级版产品。漂白粉是典型且历史久远的一种含氯消毒剂，有效成分为次氯酸钙[$Ca(ClO)_2$]，遇水分解释放次氯酸而具有杀菌功效。

漂白粉因价格实惠受到养殖户的青睐。使用漂白粉要注意以下两方面：

1.剂量的准确性。漂白粉的施用量是在含氯30%的条件下确定的，市场上漂白粉含氯量为15%—27%，或者更低，因此在使用前要用漂白粉有效测氯器、墨水滴定法或化学分析碘量法等测定有效含氯量，没有达到30%的应按比例增加用量，避免施用浓度低，效果不理想；如含量高则会出现中毒，引起鱼类大批死亡。实践显示，漂白粉的常用浓度为1—1.2 g/m^3，安全浓度为1.6 g/m^3，危险浓度为2 g/m^3。

2.用药的连续性。漂白粉的杀菌作用来自其中次氯酸根的强氧化能力，遇到具有强还原性的有机质悬浮颗粒等会发生强烈的氧化还原反应，导致漂白粉有效浓度迅速下降失去杀菌能力而达不到预期效果，因此需要连续用药。

此外，漂白粉易受潮导致有效氯丧失，因此，要选择出厂3个月以内的产品。开袋的漂白粉最好一次性用完。

（三）杀虫药：敌百虫

敌百虫是一种高效、低毒、低残留的有机磷杀虫剂，是防治水生昆虫、锚头鳋、中华鳋、三代虫、指环虫、线虫、绦虫等寄生虫的传统特效药物。其最大的优点是可以杀灭严重危害草鱼鳃部的寄生虫中华鳋。

敌百虫使用的注意事项：敌百虫的常用规格有2.5%的粉剂和

90%的晶体,生产实践中多认为晶体型的效果较好。使用敌百虫要注意以下几个方面:

1.使用方法。晶体敌百虫难溶于水,使用时将其放入非金属器皿内加入适量冷水或温水充分搅拌,待其溶解后全池泼洒。切忌煮沸溶解,避免其在高温下发生变性而失效。

2.对症下药。敌百虫防治的是寄生虫性鱼病,对细菌性、病毒性鱼病无效,因此要诊断准确病因再用药。

3.灵活用药。90%晶体敌百虫对于四大家鱼等常用浓度为0.5—1.0 g/m^3,对于鲤、鲫的安全浓度为1.8—5.7g/m^3,但对于虾类、鲈鱼、鳜鱼、淡水白鲳、虹鳟等敏感,0.2g/m^{3}即会引起死亡。敌百虫治疗锚头鳋病时,可在早晨或傍晚用药,用后开机增氧。

4.隔天连用。为防止形成抗药性种群,应在用药后隔一天再施用一次,务必灭绝不再生。

5.配伍用药。将敌百虫与其他能够增效的药物配伍使用,可以增加药效、抑制寄生虫产生抗药性。如:90%晶体敌百虫与面碱合剂(10∶6),每立方米水体用药0.25克,可杀灭指环虫与三代虫;90%晶体敌百虫与硫酸亚铁混合(1∶0.2)使用,每立方米水体施用0.25克,可防治中华鳋与鱼鲺并发。

(四)杀虫药、灭藻药:硫酸铜

硫酸铜是一种金属盐,其主要功效与敌百虫差不多,可杀灭水体和鱼类体表的车轮虫、鳃隐鞭虫、舌杯虫、鱼波豆虫、斜管虫、钟形虫等寄生原虫,还可以抑制、杀灭水体中的蓝藻、青苔等。

硫酸铜使用的注意事项:

1.用接近于60℃的温水溶解,但水温不要超过60℃,切忌用水煮沸溶解,防止破坏药物结构、降低药效。溶解和泼洒时都不要使用金属器皿，硫酸铜对金属有腐蚀作用或反应。

2.硫酸铜常用浓度为$0.7—1.0g/m^3$，低于$0.5g/m^3$没有效果，高于$1.5g/m^3$鱼类即出现中毒死亡现象，特别是草鱼、鲢鱼类，超过$1g/m^3$即可能致死。

3.最好与硫酸亚铁配伍使用，按5∶2的比例，既安全又可提高药效，特别是治疗中华鳋寄生虫，单独使用硫酸铜无法杀死虫体。

三、池塘养殖鱼病预防

（一）池塘清整消毒

在秋末冬初挖去池底过厚的淤泥并进行充分暴晒，以达到清除虫害、氧化池底有机物的目的。此外，清除鱼塘堤埂斜坡上的杂草、加固池埂。鱼种放养前用生石灰或漂白粉彻底消毒。

（二）苗种消毒

对转入池塘的苗种进行严格消毒，杀灭鱼体上的病菌和寄生虫。常用敌百虫、漂白粉、食盐、硫酸铜等稀释后的溶液浸泡鱼体，浸泡时间视水温高低及苗种承受能力而定。

（三）保持鱼池环境卫生，调节好水质

保持鱼池及食场的卫生，定期消毒，根据水质情况及时调水、换水，保持水体溶氧充足、酸碱度适中，即保持池水"肥、活、嫩、爽"。

（四）注意投喂和摄食情况

投喂时要注意观察鱼的摄食情况。选择优质饲料定时投喂，切忌时饱时饥。投喂时保证四定，即"定时、定位、定质、定量"。

（五）合理施肥

水色过淡、透明度过大要加大施肥量；反之，水色过浓、透

明度过小应减少或停止施肥,尤其在夏天天气闷热、阴雨连绵时要少施肥或不施肥。施肥遵循少量多次原则,做到看天施肥、看鱼施肥、看水施肥。

四、药物防治鱼病的注意事项

(一)科学选药

施药前要鉴定药物的安全性及真伪,有些药物在生物体内的富集作用较强,影响鱼产品的质量,危害人体健康。此外要注意药物的可行性,如加州鲈、淡水白鲳等对敌百虫敏感,不能用敌百虫治疗其寄生虫病。

(二)对症下药

不同药物药性不同,有效成分和药效功能不一样,且防治鱼病的药物种类繁多,因此在治疗过程中要看清说明,按照疗程对症下药,以达到防治病害的目的。若疗程不足或未对症下药,可能造成治愈率低或导致该病再次复发。

(三)按正确方法用药

准确测量水体并掌握正确的用药方法、药量及用药时间:药量不足达不到治疗所需浓度导致效果不佳;药量过多则会造成鱼体损伤、中毒甚至死亡。用药时间一般选择在晴天9:00至10:00或15:00至16:00,切忌在阴雨天或夏季阳光强烈时用药。

(四)注意水质情况

水质过肥时有些药物会与水体中的有机质和矿物质发生反应而降低药效,因此在水肥时适当加大用药量,水清瘦时适当减少用药量。

（五）充分溶解药物

施药时药物要按要求充分溶解、混合均匀后再全池泼洒，不能有颗粒或块状物，避免水体药物浓度低而无法杀灭病原体。此外，药物颗粒或块状物被鱼误食还可能导致鱼类中毒。

（六）避免长期、反复使用同一种药物

在养殖过程中若长期、反复使用同一种药物，病虫害会产生抗药性，鱼体得不到有效治疗。因此，在用药过程中要轮换用药和混合用药。此外，与单一用药相比，混合用药可以提高药效、兼治多种鱼病，能够抑制和延缓抗药性的产生。

五、鱼卵孵化阶段水霉病防治

鱼卵孵化阶段，未受精的卵或质量较差的卵在水温较低或水质不良时，容易感染水霉，感染水霉病。

防治措施：

（一）孵化前，对孵化池、孵化用具彻底消毒，使用聚维酮碘或复合碘溶液或用开水烫泡。

（二）培育好亲鱼，提高精卵质量及受精率，受精后清洗卵子去除过多精液。

（三）受精后卵的布置要均匀，在布置前用3%—5%的食盐水浸洗鱼卵3分钟左右。

（四）鱼巢上黏附的鱼卵密度不要过大，均匀稀疏分布，及时去除死卵。

（五）孵化过程中管理好水质，调整水温，提供充足的氧气，可采用微流水孵化。

（六）每隔6—8小时洒一次亚甲基蓝溶液，使水呈淡蓝色，到将出苗时止,减少水霉的发生。

(七)发现有少量鱼卵感染水霉,要及时采取措施,可采用1∶1的食盐和小苏打或水霉净、硫谜沙星、烂鳃腐皮康等。

六、夏季鱼病防治对策

(一)科学投喂

夏季水温高,鱼类生长旺盛,饲料效率高,因此,应在这段时间强化培育。在投喂中注意以下几个方面:

1.投饵量

根据天气、水质及鱼类摄食情况灵活掌握。天气晴好、水质清新、鱼类摄食旺盛可适当多投;反之,则酌情少投或不投。

2.投饵次数

一般情况下,精饲料每天投喂2次,在上午9时至10时及下午2时至3时各投喂一次;青饲料每天投喂1—2次。要严格控制上午鱼类浮头时投喂和夜间投喂,避免造成病害(具体根据养殖品种调整)。

3.饵料质量

精饲料要营养全面、充足,宜采用正规厂家生产的全价配合饲料;青饲料及鲜活贝类要适合鱼类口味,无毒无害。避免投喂霉变饲料,在饲料品种上粗精搭配。

4.投饵地点

定点投喂,可搭建饵料台以便于投喂及观察吃食情况。

(二)合理施肥

为保证鱼类摄食需求、促进水体中天然饵料的生长,需要对水体进行施肥。在施肥中注意以下几点:

1.施肥方法

施用有机肥与生物肥要注意时机:5—6月以施有机肥为主,每7—10天一次;7—9月以施生物肥为主,每10—15天一次。

2.施肥数量

养殖鲢、鳙鱼等为主的池塘,应根据池水水质情况及天气情况施肥,以水色为茶褐色、水体透明度25厘米左右为佳。注重少施勤施,一次施肥量不宜过多。人畜粪等有机肥每次每亩施用100—150千克,生物肥要严格按使用说明合理施用。

3.施肥禁忌

水色过浓或天气闷热、阴雨连绵时少施肥或不施肥,发生鱼病时停止施肥。

(三)调节水质

夏季水温高,水质变化快,加之投喂施肥量较大,鱼类排泄强,极易污染水质,因此要加强水质调节。常用水质调节方法有:

1.定期加注新水

一般情况下,每7—10天加注一次新水,每次加水15—20厘米。池水恶化比较严重时,宜采取换水措施,以保证水质良好。以养鲢、鳙鱼为主的池塘,透明度宜保持在20—30厘米,水色茶褐色或草绿色;以养草、鲤鱼为主的池塘,水色较鲢、鳙鱼池塘水色淡些。整个夏季鱼塘需保持最高水位。

2.定期开启增氧机

精养池塘应配备专门的增氧机,在晴天中午2—3时开机增氧,有浮头危险时也要开机增氧。

3.合理调节水质

定期用生石灰调节水质,一般每半个月生石灰化水全池泼洒一次，生石灰用量每亩15—20千克。发生浮头时，也可选用增氧剂等药物增氧。

4.定期搅动底泥

搅动底泥可促进底质分解，一般每10—15天搅动一次，每次搅动面积不少于水体面积的三分之一，选择晴天中午搅动效果最好，气压低、闷热的天气勿搅动。

（四）严防浮头

夏季，鱼类时常因天气闷热或水质过肥而缺氧浮头，造成死鱼现象。防治措施主要有以下几点：

1.勤于预防

每天至少在黎明、中午、黄昏三个时间段巡塘，严格检查吃食情况及有无浮头征兆。

2.常清池塘

勤除池塘及饲料台的残饵、污物等，清理池周杂草。

3.控制浮头

发现浮头征兆，立即停止施肥并减少投饵量，高温季节要在下午4时前吃光饲料，不吃夜食。

4.定期加注新水

定期加注新水，改良水质。

5.采取应急措施

浮头后立即采取增氧措施，以免贻误时机，造成损失。

（五）综合防病

夏季既是鱼类的最佳生长季节，也是最易受到病害感染的时期。一旦鱼病发生，传染快，损失重大。因此，要抓好鱼病预防工作：

1.坚持清塘消毒

在鱼类投放前彻底清塘。

2.鱼种消毒

鱼种放养前用2%—3%食盐水浸体消毒。

3.定期消毒池水

每月对池水消毒一次。水深1米的池塘每亩用生石灰10—20千克，或每亩用硫酸铜300克和硫酸亚铁125克兑水全池泼洒。

4.其他消毒措施

食物及岸边也需消毒，每半个月每亩用强氯精100—200克兑水泼洒消毒一次。6—9月，是肠炎病、烂鳃病、赤皮病、锚头鳋病及白头白嘴病等的高发时期。发现病鱼，及时请专业技术人员正确诊断，对症下药。

（六）强化管理

除了上述五个方面需要严加管理外，夏季生长季节还需做好轮捕轮放，捕大留小，控制好水体载鱼量，提高产量和效益。同时，若水体条件允许，还要及时补放适当数量的鱼种，为下年的养殖打好基础。

此外要坚持巡塘，每天早中晚巡塘，观察塘内水质肥瘦、池鱼活动摄食等情况。做好敌害生物的防治措施，做好防汛、防旱、防逃、防偷等工作，确保各环节万无一失。

最后，对水体的养殖情况要勤作记录，积累经验，促进来年有更快更好的发展。

七、干旱期间的病害防控

干旱期间，天热高温、水位下降、水体容积减小，导致养殖水体水质恶化严重，易造成各种病害的发生与流行，发生泛塘死鱼、暴发细菌性病害及寄生虫类病害等。这种情况下尤其需要坚持"以防为主、防重于治"的原则，定期泼洒生石灰、微生物水质改良剂等，在饵料中添加免疫促进剂、代谢调节剂以及内服药物，增强鱼类抗病能力，以预防鱼病发生。在巡塘时注意观察鱼群的活动及吃食情况，发现异常现象及时进行鱼病检查和相应的治疗。

八、常见鱼病诊断对照检查

常见鱼病诊断按照下面对照表进行初步诊断：

（一）突然间发生鱼大量死亡

1.气泡病——鱼在池中不能下沉，肉眼可在皮肤、鳃、鳍、肠等处看到气泡，在鱼池表面也常可见到气泡。该病主要发生在鱼苗、鱼种中。

2.泛池——一般发生在闷热的夏天或黎明前，有时在越冬池也有发生，鱼在死亡前有严重浮头现象，且需氧量高的鱼先浮头，先死亡。

3.中毒——耐药性较低的鱼先死，或仅吃某种饵料的鱼死。

（二）鱼死亡的数量每天逐渐增加

1.肉眼可观察到有特殊症状。

（1）鱼苗、鱼种成群结队围绕鱼池边缘狂游，长时不停，常用显微镜检查。

①轮虫病——体表寄生大量车轮虫。

②跑马病——体表没有寄生车轮虫。

（2）鱼不成群结队围绕鱼池边缘狂游。

①鱼体表面完整，颜色发白或发红，无异状物。

A.鱼苗、鱼种的头顶和嘴角周围发白,需用显微镜检查。

a.车轮虫病——头顶及嘴部寄生许多车轮虫。

b.白头白嘴病——头顶及嘴部有许多细菌。

B.白皮病——鱼苗、鱼种从背鳍后部至尾柄末端的皮肤发病。

C.出血病——鱼种的口腔、肌肉、鳃基、鳃盖、肠道等处充血、出血。

②鱼的体表有缺损。

A.赤皮病——鳍破损,鳞片脱落,鳍基充血,鱼体两侧及腹部发炎、出血。

B.打印病——肌肉腐烂,鳞片脱落,在鱼体两侧有近似圆形的出血病灶。

C.鱼怪病——胸鳍基部有一个或两个洞,洞内有鱼怪寄生。

③鳞片竖起,鳞囊内有很多液体,需用显微镜检查鳞囊内的液体。

A.波豆虫病——有大量波豆虫寄生。

B.竖鳞病——有大量细菌。

④体表有小点或突起。

A.疖疮病——鱼体背部有突起,用手摸有弹性感觉,割开鱼皮,可见肌肉出血腐烂。

B.鱼体有小点。

a.打粉病——小点呈白色,在小点之间有红色斑点。

b.小瓜虫病——小点呈白色,在小点之间无红色斑点,需用显微镜检查。

c.粘孢子虫病——小点呈白色,小点内为粘孢子虫。

d.钩介幼虫——小点为略带米黄色的三角形。

⑤体征症状不明显，但在鳃或肠上有明显的病变。

A.烂鳃病——鳃盖表面充血，中间部分的表皮腐烂成一圆形或不规则的透明小窗。鳃丝腐烂，黏液多且常带有污泥，有些鳃丝末端软骨外露。

B.肠炎病——肠充血、发炎，肠内有很多淡黄色黏液，肛门红肿。

C.肠内有黄色结节，需用显微镜检查。

a.球虫病——结节内为球虫。

b.粘孢子虫病——结节内为粘孢子。

2.病原体较大，可用肉眼识别。

（1）水霉病——鱼体表有大量灰白色絮状物。

（2）锚头虫病——鱼体表有大量锚头蚤寄生。

（3）鲺病——鱼体有大量鲺寄生。

（4）中华蚤病——鳃丝末端肿胀发白，挂有大量中华蚤。

（5）嗜子宫线虫病——鳞片下有大量红色线虫寄生。

（6）九江头槽绦虫病——草鱼鱼苗、鱼种肠内有大量白色扁平的绦虫寄生。

（7）舌伏绦虫——体腔内有大量白色扁平的绦虫寄生。

九、常见病病症及防治方法

（一）赤皮病

1.症状

该病由鱼体受伤被病菌侵入引起。病鱼体表局部或大部分出血，鳞片脱落，鳍基充血，鳍条末端腐烂呈扫帚状，即蛀鳍。

2.防治方法

（1）含量为8%的溴氧海因，水深1米时，每亩水面120—150克，每天1次，连用2—3天。

（2）含量为12%的强效碘，水深1米时，每亩水面200—250克，全池泼洒。每天1次，连用2—3天。

（二）肠炎病

1.症状

病鱼一般有红斑，腹部膨大，肛门红肿，轻轻挤压腹部有黄色黏液从肛门流出。解剖可见肠壁充血、发炎，肠道内只有淡黄色黏液，无食物，内壁腐烂。

2.防治方法

（1）大蒜素拌饵投喂，剂量为1.2—2.0g/kg饲料量或36—60mg/kg体质量，每日1次，连用3—5天。

（2）用0.3mg/L溴氯海因对养殖水体进行消毒，同时在饲料中添加氟苯尼考、大蒜素及免疫多糖进行内服，连续投喂5天。

（三）细菌性烂鳃病

1.症状

病鱼离群独游，体色发黑，鳃盖内侧表皮充血，中央常被腐蚀成一个圆形透顶小区，俗称"开天窗"。鳃丝腐烂带泥，黏液增多，严重时鳃丝末端软骨外露，鳃组织腐烂，出现呼吸困难而死亡。

2.防治方法

可外用氯制剂消毒，同时拌料投喂含量为10%的肠炎烂鳃灵，每3—5g/kg饲料，每日2次，连用5天。严重时可适当加量，或增用一个疗程。

(四)竖鳞病

1.症状

该病是因水质污浊、鱼体受伤后被细菌感染而引起鳞囊内积聚液体导致鳞片竖立的一种疾病。病鱼体表粗糙,鳞片竖立,竖起的鳞片像松球一样向外张开,用手按压有液体从鳞下喷出,鳞片随之脱落,死亡率极高。

2.防治方法

用含量为6.6%的二氧化氯稀释后全池泼洒,水深1米时,每亩水面用80—100克,连用3天。

(五)水霉病

1.症状

鱼体病变部位初期呈圆形,后期呈不规则的斑块。感染部位因菌丝大量繁殖并在伤口的细胞组织缠绕黏附,生成灰白色棉絮状覆盖物,使组织发炎或溃烂。镜检可见水霉菌菌丝。

2.防治方法

(1)水霉净用水稀释后全池泼洒,用量为水深1米时,每亩水面用100毫升,每日1次,连用3天。

(2)亚甲基蓝化水后全池泼洒,使水体中亚甲基蓝的浓度达到2—3mg/L,3—4天后再泼洒1次。

(六)车轮虫病

1.症状

车轮虫多寄生于体表和鳃上,因此,病鱼鱼体发黑、消瘦,离群独游。无其他明显特征,一般要经过镜检确定。

2.治疗方法

(1)鱼种放养前用3%—5%食盐溶液浸洗10—20分钟。

（2）用0.7mg/L的硫酸铜和硫酸亚铁合剂全池泼洒。

（七）斜管虫病

1.症状

病原体为鲤斜管虫，寄生在鱼的鳃及皮肤上。病鱼体瘦、发黑，鳃上黏液增多，浮于池边下风处。在面积小、水质差的池塘较易发生。

2.治疗方法

用0.7mg/L硫酸铜溶液或0.3—0.5mg/L硫酸铜和高锰酸钾合剂全池泼洒。

（八）小瓜虫病

1.症状

病原体为小瓜虫。病鱼肉眼可见皮肤或鳍瓣布满小点状白泡，故又叫"白点病"。病鱼鳍条裂开，表皮糜烂黏液明显增多，与虫体混在一起，似有一层薄膜。鱼体漂浮于水面，游动迟钝，和其他物体不断摩擦，或跳出水面，不久即成批死亡。

2.治疗方法

（1）用2—3mg/L的亚甲基蓝全池泼洒，每隔2天用药1次，连用3次。

（2）水深1米时，每亩水面用辣椒粉500克、生姜干片100克煎成25千克药水，全池泼洒，每天1次，连用3天。

（九）锚头鳋

1.症状

病鱼行动缓慢、食欲减退、身体瘦弱。大量寄生时肉眼可见，像在鱼体上插入小针，故又叫"针虫病"。

2.治疗方法

（1）90%晶体敌百虫0.5—0.7mg/L全池泼洒，每隔5天用药1次，连用3次；苗种按低限剂量减半；水质较瘦，透明度高于30厘米时，按低限剂量使用；虾、蟹及无鳞鱼等禁用。

（2）每亩水面用新鲜松树枝叶15—30千克，扎成5—6捆，放在鱼池四周或食台附近的水中。

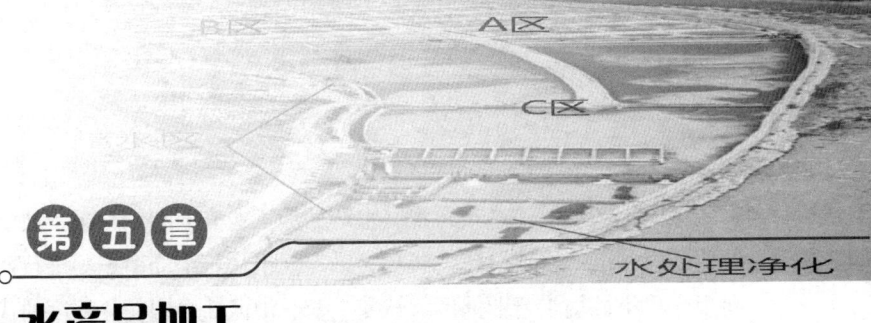

第五章 水产品加工

第一节 我国的水产品加工

水产品加工业由水产食品贮藏加工（食品加工）与水产综合利用加工（非食品加工）组成。水产食品贮藏加工包括以鱼、虾、蟹、贝、藻等水产品的可食用部分制成冷冻、冷藏、腌制、干制、熏制、罐制食品以及各种生熟小包装食品。水产综合利用加工包含饲料鱼粉、鱼油、鱼肝油、多烯脂肪酸制剂、藻胶、碘等各种医药化工产品的生产。我国的水产加工业已有30多年的发展历程，已经发展成品种丰、系列全的加工业体系，包含了冷冻品、熟食品、腌熏品、干制品、藻类食品、罐头、鱼粉、鱼糜、保健品等。

水产品加工对促进捕捞与养殖产品的流通上市和水产资源的有效利用，起着不可或缺的作用。水产品的加工利用，一是提升了水产品的附加值链，二是提供了更多的务工就业岗位，三是带动了食品加工行业中机械、包装和调味等有关行业的快速发展，具有很好的经济、社会效益。

一、水产品加工业发展现状

自改革开放以来，特别是加入WTO后，随着国际贸易环境的改善和国内市场的快速成长，我国水产品加工业充分利用充足、廉价的劳动力和成本优势迅速发展壮大，实现了从传统的手工加工行业向现代化机械加工行业的巨大转变，变成渔产业中现代化程度的优先领域。一大批水产品加工企业活跃在国际水产品加工与贸易的舞台，积极地参与国际水产品市场竞争，使我国成为名副其实的世界水产品加工与贸易大国。据海关总署统计，2020年我国水产品进出口总量949.04万吨，进出口总额346.06亿美元。其中，出口量381.18万吨、出口额190.41亿美元，进口量567.86万吨、进口额155.65亿美元。贸易顺差34.76亿美元，比上年同期增加15.24亿美元。

至2020年底，全国水产加工企业9 136个，水产冷库8 188座。水产加工总量2 090.79万吨，同比下降3.17%；其中海水加工产品1 679.27万吨，淡水加工产品411.51万吨，同比海水加工产品下降5.45%，淡水加工产品增加4.09%。用于加工的水产品总量是2 477.16万吨，其中，用于加工的海水产品1 952.98万吨，用于加工的淡水产品524.18万吨。

在我国的辽宁、山东、浙江、福建、江苏、广东、海南等沿海地区，政府部门很重视水产加工行业，各地区会采取一些优惠政策、引进外资企业等措施来鼓励水产品加工行业的发展。因此，沿海地区的水产加工发展迅猛，是我国水产加工企业的集中区域，水产品加工品总量在全国占90%以上，加之沿海地区的水产品的加工技术较先进、水产品丰富、深加工的水产品性价比高等优点，沿海地区的水产加工行业已成为我国水产品加工的主力军。

贵州省2020年水产品加工总量为4929吨，较2019年增加了173.53%。其中，水产冷冻品4065吨，鱼糜制品864吨，无其他加工产品。2020年，贵州水产品总量为24.87万吨，用于加工的水产品量为4995吨，仅占全省水产品总量的0.02%。至2020年底，贵州省内水产加工企业22家，规模以上企业1个，水产加工能力为5808吨/年；水产品冷库5座，冻结能力为28吨/日，冷藏能力为195吨/日。从加工量或配套设施方面来看，我省水产品加工业提升空间巨大。

二、水产品加工分类

根据国家技术监督局公布的现行有效的水产品分类标准SC 3001-1989《水产及水产加工品分类与名称》（原标准号为GB 11782-89），水产及水产加工品按产品基本属性分为12大类。见下表。

表12 水产加工品分类及主要产品

分类	主要产品	分类	主要产品
鲜、活品	鱼类、虾类、蟹类、贝类、两栖类	干制品	鱼类、虾类、贝类、藻类、其他
冷冻品	鱼类、虾类、贝类	水产动物	
内脏制品	鲟鳇鱼子、鲑鱼子、海胆黄、虾子、乌鱼蛋等		
动物蛋白饲料	鱼粉、鱼浆	腌制品	腌制鱼、其他腌制品
助剂和添加剂类	褐藻酸钠、藻酸丙二酯、藻胶、琼胶、甲壳素、鱼胶、鱼油等	水产调味品	鱼露、耗油、虾油、虾酱、海藻汤料、其他水产调味品
鱼糜及鱼糜制品	鱼糜、鱼丸、鱼糕、鱼卷、鱼饼、鱼面、虾片、仿蟹肉、仿虾仁、仿扇贝柱等	医药品	甘露醇、碘、蛋白胨、鱼肝油、维生素AD胶丸（滴剂）、维生素E胶丸（滴剂）、角鲨烯等
罐制品	鱼罐头、其他水产品罐头	其他水产加工品	海藻凝胶食品、珍珠类

随着加工技术的升级及市场需求的不断变化,现有的水产加工品已经不局限于上表所述,一些新的加工产品已逐渐进入人们的视野。

第二节 政府鼓励农产品加工产业发展

为加快我国农产品加工行业的快速发展,纵深推进农业供给侧结构性改革,满足广大民众日益增长的消费需求,国家出台了《国务院办公厅关于进一步促进农产品加工业发展的意见》(国办发〔2016〕93号),文件明确提出:"我国农产品加工业已成为农业现代化的支撑力量和国民经济的重要产业,对促进农业提质增效、农民就业增收和农村一二三产业融合发展,对提高人民群众生活质量和健康水平、保持经济平稳较快增长发挥了十分重要的作用。"

2018年,中央1号文件明确指出要"实施农产品加工业提升行动"。因此,为深入贯彻落实好中央1号文件和国务院领导批示精神,农业农村部会同国家发展改革委、教育部、科技部、工业和信息化部、财政部、人力资源社会保障部、自然资源部、人民银行、税务总局、市场监管总局、统计局、银保监会、证监会、粮食和物资储备局等15家部门于2018年12月25日印发了《农业农村部等15部门关于促进农产品精深加工高质量发展若干政策措施的通知》,文件明确指出:"我国农产品精深加工发展迅速,有效推动了农产品加工转化增值,但总体上由于发展时间短,存在创新发展能力不足、政策扶持不到位、工作机制不完善、产业链条短、上下游环节不匹配及增值空间有限等问题，迫切需要提高政策的指向性、精准性和可操作性，促进农产品精深加工增品种、提质量、创品牌，加快转型升级发展，提高质量效益和竞争力。"

2020年7月，农业农村部印发了《全国乡村产业发展规划（2020—2025年）》五年规划，指出"提升农产品加工业是乡村产业发展的重点任务之一"。同年12月，农业农村部发布的《关于促进农产品加工环节减损增效的指导意见》（以下简称《意见》）中提出，到2025年农产品加工环节损失率降到5%以下和到2035年农产品加工环节损失率降到3%以下的发展目标。《意见》明确了要支持农民合作社、家庭农场和中小微企业等主体建设烘干、储藏、商品化处理等初加工设施装备，拓展初加工范围，提高农产品附加值。并且拓展农产品初加工机械购置补贴范围。

如今，农产品加工业已成为与"三农"关联度最高、对"三农"带动最大的产业之一，国家接连发布了关于农产品加工业发展的一系列规划和意见，可见国家对农产品加工的重视和关心。我国水产品产量连年稳居世界第一，我国的水产加工业具有极为广阔的发展前景和发展潜力。

根据国家关于农产品加工业发展的相关要求，结合本省实际情况，贵州省人民政府办公厅2021年12月24日发布的《关于加快推进生态渔业高质量发展的意见》（黔府办发〔2021〕29号）明确提出要大力发展水产品加工。在贵阳市、遵义市、铜仁市、黔东南州、黔南州等建立水产品精深加工、饲料加工及仓储物流区。组织技术研发攻关，强化产地加工技术对接，努力在水产品精深加工、加工副产物高效利用等关键技术领域取得突破。鼓励发展鲟鱼、蛙类、大鲵等精深加工，做大做强鱼子酱加工业。大力发展预制菜肴、快消食品、休闲食品等方便快捷健康的水产加工品，鼓励餐饮业对鲟鱼、大鲵、蛙类及地方土著鱼类等创新烹饪方式。推动配套产业发展，建设一批名特优鱼类饲料加工厂，大力推进饲料、鱼类生物制剂研发和生产。到2025年，建成规模化饲料加工、水产品加工企业10家以上，大型水产品批发市场2个以上。在发布此《意见》的同时，对每一项任务都落实了责任单位，表明了贵州省政府发展我省加工产业的决心。

第三节 几种常见水产加工品加工方法

一、冻全鱼

（一）工艺流程

验收原料→去除内脏→清洗干净→装入盘中→快速冻结→按需包装→迅速冷藏。

1.原料

各种水体养殖的各种鱼都可以用来加工冻全鱼；但需要注意的是冻全鱼的原料不能是已冻结过的鱼。

冻全鱼原料要求的鲜度指标：

（1）鳃：鳃盖闭合，鳃丝的颜色鲜红且无异臭和污秽的黏液。

（2）眼：眼球突出清亮，角膜透亮，不浑浊、不发白。

（3）鳞：鳞片完整有光泽，不脱落。

（4）腹部：腹部结实不膨胀，有弹性，按压后很快复原；肛门无异常现象。

（5）肌肉组织：鱼体在还未僵硬前脊骨和肋骨之间的肌肉要结实有弹性，不出现骨端穿出和肉骨分离。

（6）机械损伤：小型鱼身不允许有伤；全长25厘米以上的中大型鱼体表不能有伤口，允许头部有一处2厘米以下的伤。

采用去内脏、洗净的方法处理原料可避免冻全鱼内脏变质和肉味变苦。

2.快速处理冰鲜鱼

迅速验收和分级，立马用20℃以下清水洗净鱼体。洗涤控制在4分钟内完成，洗涤过程中避免脱鳞和损伤鱼体。处理好的原料立马送进加工车间加工。加工时按到货顺序进行。若不能及时加工的原料应放入冷库中暂存，温度保持在1℃—5℃。

3.处理工艺

（1）鲜活鱼的处理

在加工过程中为避免鲜活鱼体损伤，如脱鳞、跳动渗胆，应池中通电或低温水（1℃—5℃）麻痹鱼致死。

（2）装盘

用干净的盘子装处理好的原料鱼，装盘时鱼的腹面朝下，鱼头靠近盘子的两端，鱼体之间紧靠排列，鳍尾应理顺。需注意的是整个装盘过程应在5℃以下的室温中10分钟之内完成，装盘迅速的同时不能脱鳞和使鱼体受伤。

（3）冻结和冻藏

迅速将装好的鱼盘送入-18℃以下的冷库速冻至冻品的中心温度降低到-18℃以下然后将冻好的鱼脱盘后包上冰衣。具体操作方法：将鱼盘反过来轻轻叩动，冻鱼滑落下来后于30秒钟内在低于

4℃的水中包上冰衣。其原理是通过低温鱼块形成的冰衣可阻断空气与鱼体接触，有效防治鱼块干损和氧化反应，确保冻品的品质。

鱼块包好冰衣后应放入-18±1℃的低温冷库冷藏，冷库的相对湿度控制在90%—95%范围。冷藏时产品不能直接放在地上和紧挨墙壁，冷藏过程中要加强巡查，确保冰衣的厚度大于2毫米。冷藏过程中一般含脂量高的鱼的保质期比含脂量低的鱼短。

（4）按需包装

冻全鱼的内包装用蜡纸，外包装用塑料袋，按所需规格包装好后装入瓦楞纸箱出厂。包装时需保证冻全鱼中心温度低于-18℃，包装好后即出厂。

二、小包装冻品

小包装冻品一般都是经初加工的半成品，其外表美观，清洁卫生，小巧便携，食用方便，是水产品加工开发的一个重要方向。

（一）冻鱼段

1.加工工艺

洗净原料→去掉头、尾、鱼鳞、鱼鳍及内脏器官→清洗滤水→称重→装袋封口→快速冻结→装箱冷藏。

2.加工方法

清水洗干净鱼体后清除鱼鳞和鱼鳍。剖开鱼肚去除内脏并洗干净，去除鱼头、鱼尾。按所需规格切整齐鱼段，将鱼段洗干净后滤水约15分钟，称重装袋封口，装盘后快速冻结装箱，送入冷库冷藏。

（二）冻鱼片

原料为无严重机械损伤的鲜活鱼。鲜度指标参考冻全鱼。加工车间和所需工具都要用0.25%的漂白粉液消毒。在整个加工过程中要严格操作规程，符合食品安全卫生法。

1.工艺流程

冲洗原料鱼→去除鱼鳞、鱼头和内脏→洗干净→去骨剥皮→切片固定→漂洗冻结→冷库冷藏。

2.加工方法

（1）原料处理

将干净的原料鱼置于操作台"三去"，小鱼可留头。高温天气需加冰操作。洗槽中应保持流水或半小时左右换一次水。洗过的鱼需再次清洗一遍。操作水温控制在15℃左右。操作应迅速，最好控制在4分钟之内完成，若没完成则需加冰降温。

（2）切片定型

剥皮与切片是鱼片加工中的关键工序，直接影响了冻鱼片的产品质量和出品率。主要采用机械剥皮，也可用手工剥皮，具体操作是将鱼片带皮切下，肌肉朝上，用刀轻轻去下鱼皮。

手工切片：从鳃盖后方用刀切入，然后在脊背和脊鳃之间切一刀，再将腹部两侧的肌肉整片切下来。切下的鱼片要块度整齐，刀口平整。切好的鱼片需放入10%的盐水溶液里浸渍15秒左右固定定型，以保证鱼片的风味。

（3）包装

包装应在卫生条件下进行。先用透明包装袋，按拟定重量进行分级包装。包装过程中要检查鱼片的颜色是否正，肉质是否坚实富弹性，鱼片整齐无污无异味。

（4）冻结和冻藏

将纸盒放入-25℃以下的冻结室速冻，中心温度降低至-18℃

后包上冰衣放入-18℃的冷藏室冷藏。

（5）成品的检验

定时按以下指标对成品开展检验。一是色泽度新鲜，二是鱼腥味正常，三是肉质紧密且无肌肉分离，四是鱼片干净整洁。五是抽样检验细菌，检测结果不能有肠道致病菌。

三、冰鲜鲟鱼

（一）工艺流程

筛选原料鱼→清洗→开腹除内脏→再清洗沥水→称重装袋→低温包装。

（二）操作过程

1.原料：新鲜、健康、无损伤。

2.筛选：去除不好的原料鱼。

3.清洗：用清洁的水将原料鱼洗干净。

4.开腹除内脏：将洗干净的鱼放在清洁的操作台上，用剪刀剖开鱼肚去除内脏，去除鳃。

5.再清洗沥：将除去内脏的鱼用清洁的水再次清洗，后放入筐中沥水12分钟左右备用。

6.称重装袋：将沥水好的鱼称重后用塑料袋真空包装。

7.低温包装：将真空包装好的鱼放入泡沫箱的碎冰中，装箱的时一层鱼和一层冰必须间隔埋放，鱼和冰的质量比3∶1左右，装好箱后用胶带固定箱盖和箱底。

8.冰鲜鱼的运输：可以用箱或桶等装好后放入车或船运输，也可以通过调温货舱散装运输，但箱或桶装鱼品质比散装的好。运输过程中需要注意以下几点：一是冰要适量，应根据季节、运输时长调整；二是冰质要清洁，越碎越好；三是堆积的鱼品厚度适宜；四是箱或桶的底要留小孔，便于排出冰水，防止鱼体被冰水浸渍。若采用空运的方式运输，则要按照《MH1007-1997-水产品航空运输包装标准》执行。

（三）鱼产品的质量指标

1. 质量要求：鱼体新鲜无损伤，体表色泽佳，肉质夯实富弹性，眼球清亮，鳃片鲜红、无异味、无黏液。解冻后的鱼品重量达标。

2. 规格标准：有每条重5 000克以下、5 000—10 000克、10 000克以上3种规格，每箱20 000—100 000克。

四、速冻鲟鱼片

（一）加工工艺

筛选原料鱼→清洗→去内脏、去头和去皮→选片修整→冲洗→浸渍盐液→称重装盘→快速冻结→脱盘包上冰衣→包装入箱→商品冷藏。

（二）操作流程

1. 原料鱼的验收：鱼体新鲜健康、无损伤。鱼体重5 000克以上。

2. 筛选：去除不达标的原料鱼及散石、草屑、杂鱼等杂物。

3. 清洗：将达标的原料鱼用清流水冲洗干净备用。

4. 去内脏：在操作台上将洗好的鱼用剖刀打开鱼腹，去内脏、去鳃。

5. 去头剥皮：先用砍刀将鱼头齐胸鳍基部砍下，再用特制弯月形不锈钢刀具，从背部背骨板下方切口，也可从腹部中间切口，由靠近头部鱼体处往下剥，尽量保证肉不带皮及皮少带肉，刀口要平，肉面剖割齐整，剥下的皮张完整无破洞，除胸鳍（可用于加工鱼翅）外，其余各鳍均留皮上（可用于加工皮革）。

6.剖片：自头部鳃盖后方斜向切入将剖刀沿脊骨平行向尾部方向推进，剖下一侧鱼片；同法剖取另一侧鱼片。要求切割肉面平整，取下脊骨时尽量少带鱼肉。

7.拣片修整：鱼片色泽新鲜正常、肌肉组织坚实富弹性且不易碎裂为合格品；鱼片有异味及带血污、软鳍等不合格鱼片应予剔除；剖割不平整、带薄肉（软边）、腹鳍、肛门及肋间刺的鱼片应切除并加以修整，再将腹面切成弧形。

8.漂洗：鱼片在浸液前先经流水冲洗，去除黏附于体表的血污、杂质等，稍稍沥水后，备用。

9.浸盐液：浸盐液生产中一般采用10波美度的食盐溶液（用波美计测定），现配现用，预冷更佳（夏天应在低于15℃气温下操作），浸渍时间不宜过长，一般为2至3分钟，以免太咸。在浸渍过程中要及时添加高浓度盐水来调整浓度，同时每隔2小时更换新盐液。若用复合盐保护液浸渍不仅能提高鱼肉持水性，而且使肉质弹性更强。常用配方是：在盐液中加入0.2%—0.3%复合磷酸盐（三聚磷酸钠、焦磷酸钠和六偏磷酸钠），用筐盛鱼片浸入保护液中，适时提出沥水后装盘。

10.定量装盘：将浸液沥干水后的鱼片依次摊放在不锈钢盘内，做到宽端与尾端相接排放平整，摆盘时要再次检查，将不符合要求的鱼片剔除，并根据需要将不同规格、等级的鱼片分别装盘称重，扣除让水3%—4%为实际重量。

11.冻结：鱼片摆盘后尽快送入速冻库，入库前库温需预先降至-25℃以下，整个速冻过程应保证在8小时内将冻品中心温度降到-18℃，然后再出冻脱盘。冻结时间越短，可更好地保持鱼肉弹性和口感，最好采用平板冻结机在4—6小时内完成。

12.脱盘镀冰衣：出速冻库需立即脱盘，若不易脱出可将盘浸入15℃以下的水中泡3—5秒，捞起后将盘倒置，在包装台上轻轻一磕，鱼片就从盘中脱出。脱盘后的鱼块通过镀冰水槽，利用冻品自身的低温使鱼块表面镀上一层厚薄均匀、透亮美观的冰衣。包冰衣时要求包冰室温低于5℃、水槽水温不超过6℃，冻鱼块在槽内浸泡时间为3—5秒。包冰重量为鱼块重的1.5%—3%；对于出口产品要包冰两次，还可在镀冰衣的水中加入维生素C、维生素E等抗氧化剂，以防止冻品的干缩和脂肪氧化，从而更好保持冻品原有的色泽、风味和营养。

13.装袋入箱：用于出口的冻制品，需将包好冰衣的冻鱼块立即装入无毒的聚乙烯薄膜袋内，抽真空后扎紧袋口，防破损漏水，小规格的鱼片冻品可用真空包装封袋，再装入纸箱内。装箱后需在-18℃以下的冷库中进行冷藏。若作为内销或二次加工的冻鱼块，可不需包装即进行冷藏。

14.冷冻贮藏：我国水产冷库库温一般要求在-18℃至-22℃，库内温度昼夜升降幅度不应超过1℃，库内相对湿度应低于80%，且货品在堆放时应尽量整齐紧密，以减少空气流动。通常在-18℃条件下，冷藏鱼品贮藏期限可达6—10个月。

（三）产品质量指标

1.质量要求：鱼片新鲜、块形完整、摆放整齐、冰衣明亮均匀包覆鱼块。解冻后鱼片边缘整齐，肌肉组织紧密有弹性，无冻斑、软化和脂肪氧化现象，且鱼片无异味。解冻后鱼块重量达标示量。

2.规格标准：通常5千克/块，2块/箱。可根据实际规格需要进行包装。

3.理化指标：多聚磷酸盐≤10mg/kg；挥发性盐基氨≤25mg/100g。

4.微生物指标：细菌总数（cfu/g）≤$1.0×10^5$；大肠菌群（MPN/100g）≤30；不得检出致病菌。

五、鱼子酱加工

鱼卵中富含必需氨基酸、蛋白质、不饱和脂肪酸、卵磷脂以及钙、磷、铁和人体所需的部分微量元素，具有鸡蛋、大豆等陆生动植物的磷脂中缺乏的二十碳五烯酸（EPA）、二十二碳六烯酸（DHA）等多烯酸。就鱼子酱自身的营养价值，有着广阔的市场前景。鱼子酱可由多种鱼卵制得，人们常说的鱼子酱是鲟鱼子酱，其他鱼子酱产品有鳕鱼鱼子酱、金枪鱼鱼子酱、大马哈鱼鱼子酱、飞鱼鱼子酱等。在一些情况下，特定的产品要经过鉴别，包括获得鱼卵的鱼的名称，尤其是在质量高和价格贵的鱼子酱产品中还要鉴定捕获鱼的地方的水体。

（一）工艺流程

一般加工工艺流程为：原料→取卵→卵巢分级→取子→漂洗→腌制→沥干→晾晒→包装→成品贮藏。

（二）操作方法

1.原料要求

最好使用新鲜鱼子。冷冻鱼子也可以用，但是出于对鱼子的保护，对解冻过程有一定要求，解冻过程比较烦琐

2.取卵

取鱼卵时须注意卫生和尽量减少污染,为保证产品品质,取卵操作要小心谨慎。新鲜的鱼子柔软而且形状不定,卵膜容易破碎,若放在浓盐水中漂洗则鱼子会因急速脱水而萎缩,影响成品的经济价值。因此,一般对新鲜的鱼卵都要经过定形处理。定形处理一般有体内定形和体外定形两种方法。体内定形是指将捕获的新鲜原料鱼,用冰和10—12波美度的盐水或10%的盐浸泡处理的方法,这样既能保鲜又能缩短定形时间,效果也好。体外定形是指鱼子从鱼体取出后再定形的方法,适用于从鲜鱼中取出的成熟鱼子,取子后即放入8波美度的盐水中,浸泡4小时左右,待鱼卵形状基本固定后再进行漂洗。解冻冷冻鱼子时,为保持原料鲜度、保证产品质量,一般采用淡盐水解冻法,这样可以缩短生产周期。

3.卵巢分级

根据种类和质量对卵巢进行分级。在分级过程中,完整卵巢的状态(卵的大小、形状、透明性、卵粒连接的黏合度等)和新鲜度(颜色、风味等)是主要因素。质量较好的卵巢用于生产鱼子酱,而较差的卵巢或整个或一部分盐渍。

4.取子

从卵巢中分离获得鱼卵的过程称为取子,这一过程通常是由人工操作的,人工筛选是挤压卵巢通过一个旋转的不锈钢铁丝网或其他网眼材料,使鱼卵通过网眼,而相连的卵巢组织则留在上面。对于某些鱼种也可以进行自动化操作,自动化系统则是利用机械力或酶系统对鱼卵进行分离,并用食盐来保存鱼卵并获得理想的形状和弹性。

5.腌制

腌制过程非常重要，直接影响产品质量。腌制的时间可能需要2—20分钟，这主要取决于鱼种、鱼卵的大小、质量和最后的盐浓度。

6.沥干

鱼卵腌制以后放在凉席上进行晒干或者用离心机甩水，然后盛放在金属、塑料或其他容器中等待包装。

鱼卵基本加工工序的变化取决于原料鱼的种类以及最终加工产品，如粒状鱼子酱、调味鱼子酱、烟熏鱼子酱等。若添加防腐剂或其他添加剂如色素等，要在沥干以后加入。包装的产品也要经过杀菌处理。为了保持良好的质量，必须采用真空包装，而且产品必须冷冻或冷藏贮藏。

参考文献

[1] 农业农村部渔业渔政管理局，全国水产技术推广总站中国水产学会.2021中国渔业统计年鉴[M]. 北京:中国农业出版社，2021.

[2] 廖再生，黄继民，刘广根.梅雨季节鱼塘的养殖管理要点[J]. 渔业致富指南，2016（11）:27-28.

[3] 高光明，周胜，邓书东，等.水色的判断技术与方法[J]. 渔业致富指南，2012（18）:80-81.

[4] 艾晓辉，龚珞军，王勋伟，杨兰松.水环境理化因子引起的鱼类病害及对策[J]. 渔业致富指南，2008（21）:49-51.

[5] 邓希海.养殖水体中pH值的作用及调节[J]. 河北渔业，2008（02）:4-6.

[6] 张从义，石义元，朱勇夫，等.池塘鳙鱼主养放养模式研究[J]. 湖北农业科学，2019，58（04）:68-73.

[7] 张韵桐.一、大口黑鲈的生物学特征[J]. 中国水产，1993（02）:28-29.

[8] 曹明华.鲤鱼的生物学特性及养殖方法[J]. 养殖技术顾问，2013（04）:224.

[9] 殷名称.太湖鲫鱼生物学调查和增殖问题[J]. 动物学杂志，1993（04）:11-16.

［10］欧阳敏，陈道印，喻晓.鄱阳湖团头鲂的生物学研究[J]. 江西农业学报，2001（01）:47–50.

［11］马志坚，朱国强.虹鳟生物学特性及养殖技术[J]. 黑龙江水产，2009（04）:23–28.

［12］李明锋.黄颡鱼生物学研究进展[J]. 现代渔业信息，2010，25（09）:16–22.

［13］杨移斌，夏永涛，曹海鹏，等.西伯利亚鲟基本生物学特性及养殖介绍[J].水产养殖，2013（11）:17–20.

［14］刘孝华.罗非鱼的生物学特性及养殖技术[J].湖北农业科学，2007（01）:115–116.

［15］潘顺林.斑点叉尾鲴生物学特性及养殖技术[J]. 水利渔业，2004（04）:45–46.

［16］朱勇夫.南方大口鲶人工养殖技术讲座——第一讲 大口鲶的生物学特性[J].渔业致富指南，2005（15）:63.

［17］胡梦红，王有基.长吻鮠的生物学特性及人工繁养技术[J]. 渔业致富指南，2006（24）:27–29.

［18］沈文新.鳜鱼的生物学特征及鳜鱼苗的人工繁殖技术[J].上海农业科技，2018（04）:70–71.

［19］杜建刚.乌鳢的生物学特性及人工池塘规范化养殖技术[J]. 现代农业科技，2013，（20）:261–262.

［20］郭志文.浅析南美白对虾生物学特点[J].渔业致富指南，2018（16）:43–45.

[21] 陈永乐, 张亮森, 朱新平, 等.南美白对虾的生物学及其养殖技术要素[J].淡水渔业, 2003（01）:54-55.

[22] 方春林, 邓勇辉, 余智杰, 等.克氏原螯虾生物学特性的研究[J].江西水产科技, 2010（03）:18-20.

[23] 李浪平.克氏原螯虾食性, 生长与掘洞行为的研究[D].华中农业大学, 2006.

[24] 金刚, 李钟杰.一秋龄性成熟中华绒螯蟹的生物学——1.外部形态特征及性腺变化[J].湖泊科学, 1999, 11（1）:52-56.

[25] 金刚, 李钟杰.一秋龄性成熟中华绒螯蟹的生物学——2.生殖, 越冬行为及脱壳的可能性[J].湖泊科学, 1999, 11（2）:172-176.

[26] 牟洪民, 李媛, 姚俊杰, 马珊.大鲵生物学研究的新进展[J].水产科学, 2011, 30（08）:513-516.

[27] 李娟, 周文, 侯金亮, 等.棘胸蛙养殖技术（二）——人工繁殖[J].当代水产, 2021, 46（3）:80-81.

[28] 许明远.棘胸蛙的生物学特性与生态养殖[C]//中国南方省.2007.

[29] 王佳喜.丁桂鱼（丁鱥）的生物学与繁养技术讲座:第四讲 欧洲丁桂鱼的生态学研究[J].渔业致富指南, 2006（20）:53-55.

[30] 鲁家勇, 王佳喜.丁桂鱼（丁鱥）的生物学与繁养技术讲座：第三讲 丁桂的繁殖生物学[J].渔业致富指南, 2006（19）:53-54.

［31］黄洪贵.丁鱥人工繁殖与养殖技术[J].河北渔业，2008（5）:27-29.

［32］刘襄河，孔江红，李修峰.长春鳊的生物学特性及人工养殖技术[J].湖北农业科学，2017，56（9）:1699-1701.

［33］王洪波，孙志鹏，郑先虎，曹顶臣.黑龙江野生长春鳊生物学特征与人工繁育技术[J].黑龙江水产，2017（06）:15-16.

［34］方世贞，张竹青，李正友，胡世然，蒋晓红.泥鳅生物学特性及水泥池养殖试验[J].农技服务，2010，27（03）:374-375.

［35］陈金才，祁兆春.黑斑蛙生物学特性及其对水稻害虫的控制作用[J].昆虫天敌，1982（04）:30-33.

［36］SC 3001-1989，水产及水产加工品分类与名称[S].（原标准号为GB 11782-89）.

［37］章超桦，薛长湖.水产食品学[M].中国农业出版社，2010.

后　记

　　2019年2月，农业农村部、生态环境部、自然资源部等10部委联合发布《关于加快推进水产养殖业绿色发展的若干意见》，要求坚持高质量发展，以实施乡村振兴战略为引领，以满足人民对优质水产品和优美水域生态环境的需求为目标，推动我国由水产养殖业大国向水产养殖业强国转变。目前在乡村振兴中，全国各地水产养殖业绿色发展迅猛，各种生态渔业技术模式如雨后春笋般，不断涌现、蓬勃发展。集装箱养殖、池塘工程化循环水养殖、高位池养殖、工厂化养殖、圆桶式循环水养殖等设施渔业养殖方式也逐渐兴起，不断发展壮大。

　　《生态渔业产业发展指南》是在水产养殖业绿色发展背景下，汇集渔业发展的新的技术、发展模式，养殖方式的新成果而编制的一本读物。

　　本书的第一章由许劲松、杨斌编写，第二章由姚俊杰、张文争、马永兵编写，第三章由蒋左玉、周贤君编写，第四章由王艳艳、刘天保、姚俊杰编写，第五章由吴俣学、朱忠胜编写。姚俊杰主持书稿的编写和审定工作，罗平审定了全部书稿。崔巍、谢劲松参加了全书的修改和定稿工作。

　　本书的出版，得到了贵州大学、全国水产学会、贵州省水产研究所、贵州省水产学会的关注与支持，在此一并致谢。